项目化学习指向核心素养

初中劳动课程中项目化学习案例

傅豫园
钟慧敏
郑雨花
著

上海社会科学院出版社
SHANGHAI ACADEMY OF SOCIAL SCIENCES PRESS

序言
课程让师生共成长

课程，是学习者获得知识、体验情感、传承文化、丰富其生命内涵的重要载体。秉承"阳光师生、阳光校园"的办学思想，上海市二十五中学的课程建设之旅有其独特的温度和亮色。越来越多的一线教师突破以往只注重知识、经验积累的局限，拓宽五育并举和全员育人的视角，关注学习者兴趣与潜能的激发，不断探索课程内容设计与实施的路径，成为课程的创造者、开发者与设计者。傅豫园老师，是区学科带头人、市名师基地成员，十多年来力耕不辍，撷取了"水仙雕刻与造型""艺术木工""中华布艺手工篇"等数十项课程教学成果。

随着《义务教育课程方案》（2022年版）的颁布，基于核心素养发展要求、具备跨学科教学整合特色、凸显综合实践体验的项目化学习，受到广泛关注。项目化学习是当前教育发展的一个重要趋势，此学习方式注重培养学生围绕大概念、开放式问题开展研究，并找到解决方案，教师教授学生知识，且在学生接受项目挑战时，提供学习支架，积极帮助学生理解并学以致用。在学习过程中，学生可以做出自由选择，教师要求学生展示自己的问题，研究的方法和成果，同时运用批判性思维对学习成果进行过程性评价。劳动课的项目化学习"聚焦学生核心素养提升，围绕劳动课程的育人目标，基于课堂教学、跨学科活动等，以项目化的学习策略来推进和实施教学，帮助学生从多元视角投入项目化学习，实现学校的育人目标，引导教师从关注知识转向学生素养的提高，形成课程和教学的育人主阵地……"这是傅豫园老师劳动学科项目化学习的设计初衷，呈现了她敏锐的课程设计目光和扎实的课程实践功力。

学校组建了劳动项目化学习的教研团队，教研团队与课程专家、研发团队、学生家长、校外人士共同探讨分享，增进了对于课程理论知识的学习理解，提升了对于基本课程编制技术的掌握和应用能力。在项目化学习方案设计上，我们更是主动拓展，重构自身知识结构体系，关注综合型问题的解决与学习的反馈、评价，用心满足学生的个性化追求。

学生们通过一个个项目的学习实践，对现实生活中的问题进行探究，在探究过程中不断创作、验证、完善，最终得出自己的作品。一段段解决问题的过程，培养了他们的创造性思维，激发他们不断挑战自我与超越自我的勇气。

同时，本书也撷取了学校、区域内部分课程建设者的经验。本书的撰写与出版得到了杨浦区教育局领导、杨浦区教育学院领导的亲切关怀和指导。上海市三门中学教育集团的领导和同行们，还多次就此开展研讨和课程推广活动与我们交流经验，为我们提供实践推广场地，给予我们有力的支持和帮助。在未来的课程改革中，希望在傅老师的带领下，在课程专家的指导下，在师生的共同努力下，学校各科在落实"新课程改革和新课堂改革"、优化特色课程赋能学校未来发展的道路上，能有更多的经验可以分享，能有更多的成果可以展示。

希望项目化学习的深入和拓展，在未来照亮每一位教师的专业成长之旅，扬起每一个孩子的成长风帆。

上海市二十五中学校长　钟慧敏

2023 年 3 月

目 录

序言　课程让师生共成长　　　　　　　　　　　　　　1

第一章　劳动课程与项目化学习　　　　　　　　　　　1
　　第一节　项目化学习概述　　　　　　　　　　　　2
　　　　一、什么是项目化学习　　　　　　　　　　　5
　　　　二、为什么要开展项目化学习　　　　　　　　6
　　第二节　项目化学习的既有成果　　　　　　　　　8
　　第三节　项目化学习的时代担当　　　　　　　　　11
　　　　一、项目化学习为劳动教育提供了良好的氛围　12
　　　　二、项目化学习有效促进学生创新思维的生成　13
　　　　三、项目化学习与劳动课程标准要求高度吻合　13
　　　　四、项目化学习指向劳动学科核心素养　　　　14
　　　　五、项目化学习优化整合劳动教育课程　　　　15

　　第四节　劳动课程中的项目化学习　　　　　　　　15
　　　　一、当下中学劳动教育中存在的问题　　　　　16
　　　　二、劳动课程中项目化学习的着力点　　　　　17
　　　　三、劳动课程青睐跨学科项目化学习　　　　　19

1

第五节　项目化学习的六维度设计要点　　　　　　　21
　　一、核心知识　　　　　　　　　　　　　　　　21
　　二、驱动性问题　　　　　　　　　　　　　　　24
　　三、高阶认知　　　　　　　　　　　　　　　　27
　　四、学习实践　　　　　　　　　　　　　　　　29
　　五、公开成果　　　　　　　　　　　　　　　　30
　　六、全程评价　　　　　　　　　　　　　　　　30
第六节　六维度设计在劳动课程中的落实　　　　　　32
　　一、入项活动　　　　　　　　　　　　　　　　32
　　二、知识与能力建构　　　　　　　　　　　　　33
　　三、探索与形成成果　　　　　　　　　　　　　33
　　四、评价与修订　　　　　　　　　　　　　　　33
　　五、公开成果　　　　　　　　　　　　　　　　34
　　六、反思与迁移　　　　　　　　　　　　　　　34

第二章　项目化学习一：水仙雕刻与造型　　　　　　36
第一节　背景与导入　　　　　　　　　　　　　　　36
第二节　项目与实施　　　　　　　　　　　　　　　39
　　一、入项活动　　　　　　　　　　　　　　　　40
　　二、知识与能力建构　　　　　　　　　　　　　42
　　三、探索与形成成果　　　　　　　　　　　　　51
　　四、评价与修订　　　　　　　　　　　　　　　53

　　　　五、公开成果　　　　　　　　　　　　　58

　　　　六、反思与迁移　　　　　　　　　　　　58

第三章　项目化学习二：百变香袋　　　　　　　60
　　第一节　背景与导入　　　　　　　　　　　　60
　　第二节　项目与实施　　　　　　　　　　　　62
　　　　一、入项活动　　　　　　　　　　　　　63
　　　　二、知识与能力建构　　　　　　　　　　66
　　　　三、探索与形成成果　　　　　　　　　　71
　　　　四、评价与修订　　　　　　　　　　　　74
　　　　五、公开成果　　　　　　　　　　　　　75
　　　　六、反思与迁移　　　　　　　　　　　　78

第四章　项目化学习三：走进木工世界　　　　　81
　　第一节　背景与导入　　　　　　　　　　　　81
　　第二节　项目与实施　　　　　　　　　　　　84
　　　　一、入项活动　　　　　　　　　　　　　84
　　　　二、知识与能力建构　　　　　　　　　　85
　　　　三、探索与形成成果　　　　　　　　　　88
　　　　四、评价与修订　　　　　　　　　　　　90
　　　　五、公开成果　　　　　　　　　　　　　91
　　　　六、反思与迁移　　　　　　　　　　　　94

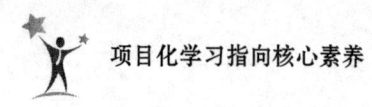

第五章　项目化学习四：菜饭制作　　97
　　第一节　背景与导入　　97
　　第二节　项目与实施　　99
　　　　一、入项活动　　100
　　　　二、知识与能力建构　　106
　　　　三、探索与形成成果　　107
　　　　四、评价与修订　　109
　　　　五、公开成果　　109
　　　　六、反思与迁移　　111

第六章　项目化学习五：纸的前世今生　　112
　　第一节　背景与导入　　113
　　第二节　项目与实施　　114
　　　　一、入项活动　　114
　　　　二、知识与能力建构　　116
　　　　三、探索与形成成果　　118
　　　　四、评价与修订　　119
　　　　五、公开成果　　119
　　　　六、反思与迁移　　120

第七章　项目化学习六：其他项目　　121
　　第一节　绳结　　121

  一、入项活动   122

  二、知识与能力建构   122

  三、探索与形成成果   123

  四、评价与修订   124

  五、公开成果   124

  六、反思与迁移   125

 第二节 铁 艺   125

  一、入项活动   125

  二、知识与能力建构   126

  三、探索与形成成果   127

  四、评价与修订   128

  五、公开成果   128

  六、反思与迁移   129

参考文献   130

后记 项目化学习指向核心素养——培育劳动素养   131

第一章　劳动课程与项目化学习

2020年3月，中共中央、国务院印发的《关于全面加强新时代大中小学劳动教育的意见》中强调："劳动教育是国民教育体系的重要内容，是学生成长的必要途径，具有树德、增智、强体、育美的综合育人价值。"新时代中国特色社会主义教育发展道路，需要劳动教育奠定基础。劳动的多样性决定了劳动课程的多元性，劳动教育也是促进德智体美劳全面发展的教育体系的出发点和落脚点。

项目化学习是通过集中关注学科或跨学科的核心概念和主题，设计驱动性问题，在学生独立或合作进行基于项目任务的问题解决过程中，引领他们积极学习和自主建构，生成知识和提高素养的一种教学方法。

项目化学习为劳动课提供了良好的氛围，学生在参与项目化学习过程中不仅能掌握劳动技能，而且可以获得正确的劳动观念、劳动情感；同时，课程学习项目将艺术、通用技术、心理健康与生涯发展等多方面育人目标整合，为劳动教育的实践提供科学指引；另外，项目化学习融合了学校、家庭、社会的劳动资源，形成多学科渗透。

项目化学习指向核心素养

本章概述项目化学习的背景和现实，介绍项目化学习的既有成果，阐述项目化学习的设计要点，探究劳动课程与项目化学习的关系，梳理劳动课程中的项目化学习的实施路径和方法，从理论层面诠释在劳动课程中开展项目化学习的意义，为后续的具体项目化学习做规范与指引。

第一节　项目化学习概述

项目化学习（PBL）是当今基础教育领域的一个热点话题，已成为落实学生核心素养的重要教学方式之一。在全球关注终身学习与核心素养发展的背景下，项目化学习近年来受到国内外学者、教育工作者的广泛关注。在我国，尽管与项目化学习相关的理论和知识尚未普及，应用研究尚未全面铺开，但已有越来越多的学校、教师思考并尝试探索如何开展项目化学习。

先从项目化学习的渊源说起。从第一次工业革命到第四次工业革命，技术的革命对人类的发展影响巨大。未来影响人类发展的仍然是新兴技术的发展和运用。未来的社会将具备四个特征：易变性、不确定性、复杂性、模糊性。几年前人们预测未来社会对人的素养要求主要有解决复杂问题的能力、社交技能和系统性技能，这些要求将越来越高于对知识与技能的要求。但我们当前的课堂依然主要聚焦于知识与技能，很少注重学生的社会角色、自我认知、特质和动机方面，这是校园教学和社会需求联系不够紧密的表现。我们的教学往往是在对现在的学生讲授过去的知识，却要求学生能够将现在学到的东西运用到解决未来的问题上，这是教育的难点。事实上，从1977年恢复高考到增加教育类目再到扩大教育接受面、与世界接轨等，均有针对性地解决以上难点的设计和行动。从以教师为中心的课堂，到以学生为中心的课堂，教师一直在探索更多更实际更有效的教育方式。

高质量的项目化学习，被认为是素养时代最为重要的一种学习方式，它指向学习的本质。驱动性问题的设计、对大概念的追求、持续探究的过程、指向核心知识等重要特征，使项目化学习具有很强的包容性。它既是一种学习的方式，又是一种课程的结构方式，指向知识观的变革与人的心智的自由迁移。随着项目化学习的推进，更多的项目化学习案例和更多学校的实践探索逐步涌现，但严格意义上的指向学习、指向素养奠定的项目化学习还是不多的，通过项目来激发学生产生真正的学习仍被忽视。严格意义上的项目化学习的设计是有难度的，对教师来说具有极大挑战性。一个好的项目化学习的设计，需要四至五次迭代，需要一步步改进，通过反复优化驱动性问题、观察学生表现、调整匹配资源、设计相应的评估，来累积学习的经验。可以预见，活动类项目化学习将会流行，在初期，务必要允许各种类型的存在，随后再慢慢走向优化。

项目化学习能够发展到怎样的程度，一定程度上取决于新课程标准的理念在多大程度上得到落实。如今，新课标中渗透了项目化学习的要素、理念，新教材中也留出了一定的空间。从学科素养到学业质量标准的描述等新的评价理念和命题设计，也在一定程度上呼应项目化学习方式。新颁发的义务教育课程标准，对项目化学习的走向，尤其对学科和跨学科的项目化学习的发展，产生重要影响。学科核心素养的思路得到延续，学科项目化学习将为更多人关注和探索，给予学校跨学科课程的发展以更广阔的空间。

项目化学习将更多从边缘活动进入主流学科，会有更多的人认识到用高阶学习驱动低阶学习的价值，会有更多的人区分主题活动、学科拓展活动和项目化学习之间的联系与区别，会有更多的学科运用项目化学习的要素对原来的活动进行改进。项目化学习与深度的知识理解之间具有一致性，它将促进学科概念和能力的深化。核心知识、关键能力和概念均为项目化学习的核心，教师是否能够提出这个学科或跨学科的本质问题与概念，是衡量项目化学习质量的一个重要标准。教师要对学科知识体系有更深刻的理解、认识和把握，通过高阶的驱动性问题，采用创造、问题解决、系统分析等高阶认知策略，促进学生对概念的深度理解，实现跨越情境的迁移，使学生在新情境中创造出新知识，进而形成更高素养。

"项目化学习"这一学术概念来自1958年美国医学院多科会诊疑难杂症的做法。从教育学的渊源来看，项目化学习之思想则是来自杜威的"做中学"，尤其是杜威弟子克伯屈的设计教学法，其发展至今也有60多年的时间了。上海市教育科学研究院普通教育研究所的夏雪梅博士在2014年开始研究学习基础素养的培养，引入了项目化学习方式。

一、什么是项目化学习

项目化学习有很多界定，没有一个完全统一的概念。夏雪梅博士从学习素养的视角出发，将项目化学习界定为："学生在一段时间内对与学科或跨学科有关的驱动性问题进行深入持续的探索，在调动所有知识、能力、品质等创造性地解决问题、形成公开成果中，形成对核心知识和学习历程的深刻理解，能够在新情境中进行迁移。"

学习素养视角下项目化学习具有以下特征：

（1）指向核心知识的再建构。核心知识指向学科本质或促进人类理解世界的关键概念与能力；再建构，它意味着学生能够将以往所学知识迁移到新的情境中解决实际问题，在新情境中产生出新知识。相反，如果只是知识的应用，或者只是已经学会的技能的呈现，就不是真正意义上的项目化学习。

（2）创建真实的驱动性问题和成果。真实性是项目化学习的重要特征之一。真实性意味着学生所学的知识和能力是真实的，所运用的思维方式是真实的（即解决问题的思路在现实生活中是可以迁移的）。真实性项目有三种类型：解决学科关键概念和关键问题的学术性项目、赋予学生真实生活角色的虚拟情境项目、真实的生活世界项目。

（3）用高阶学习带动低阶学习。项目化学习指向高阶思维能力，体现在用具有挑战性问题创造高阶思维的情境，设置带有问题解决、创造、系统推理分析等高阶认知策略的项目任务，创造一个真实的作品。在完成作品的过程中，包含信息查找、识记、整理、巩固和理解等低阶学习过程。

（4）将学习素养转化为持续的学习实践。项目化学习所提出的"实践"意味着要像真实世界中的科学家、数学家、工程师、新闻工作者那样，遇到真实问题并在多种问题情境中经历持续的实践，而非按部就班完成探究的流程。

二、为什么要开展项目化学习

开展项目化学习有多种好处，能培养学生的实践能力和解决问题的能力、促进跨学科知识融合、引导学生主动学习、提高学生的综合素质、提供终身学习的方式。

（1）让真实学习自然发生。传统教学的重点是知识点的识记和理解，教师花大量的时间教学生掌握知识和技能，从具体而琐碎的知识和技能开始，一点点为学生夯实基础，有时也有知识的应用，但往往没有时间进行分析、评价和创造等高阶学习。传统教学往往过度关注对学习内容的熟悉度，常常出现虚假学习、机械学习、竞争性学习的现象。

虚假学习：学生为了一味地配合老师、父母的意愿假装自己学会了，没有真正地学习解决问题，也缺乏学习的主动性，不知道自己学习是为了什么。

机械学习：只关注正确答案和考试成绩，很少关注知识间的联系与应用，经常学了就忘，或者换了题又无从下手，很少进行策略性的、元认知式的学习，所学难以迁移到新情境中。

竞争性学习：非常看重学习成绩，认为同伴的学习与自己无关，同伴和自己在学习上是你输我赢、你赢我输的零和竞赛。缺乏与同伴的深度合作与交流。

项目化学习的一个重要特征就是真实性，使学生在对问题持续探索，调动和激活原有的知识、经验、能力，体会应用知识解决实际问题、创造美好生活的乐趣，形成可迁移的思维方式，真正感受学习的意义所在。

（2）弥补中国教育的短板。中国的基础教育往往更关注知识掌握和知识体系的构建，较少关注包括合作力、批判性思维、沟通力、创造力在内的素养培养，使得中国学生在创造性思考和问题解决方面存在较大的不足，甚至是"短板"。

项目化学习是弥补这一"短板"的有效教学模式之一。项目化学习秉持学做结合的理念，通过多样态的项目，使学生能够联结真实世界，让学生拥有解决真实情境问题的机会和经历，发展自己的创造性能力，同时，不断形成自己的价值观和世界观。项目化学习不仅锻炼了学生的创造力、团队合作和领导力、动手能力以及执行项目的能力，而且在对项目的选择过程中，学生逐步学会如何面对和解决现实生活中的问题。这些能力则是应试教育下的孩子所缺少的应对世界、面向未来的能力。

（3）推动实现课程改革。目前，我国基础教育改革以培养学生学习素养为导向，从普通高中到义务教育阶段的新课标修订，都体现了一系列以核心素养为导向的新理念、新设计。

实现课程改革的关键在于核心素养的落地，这不仅需要选择和变更教学内容，更需要变革学习方式和教学模式。而要想真正实现学习方式和教学模式的变革，就要回归学习的本质——对问题的探索。项目化学习就是一个对问题进行持续探索实践的过程。

　　综上所述，项目化学习是推进素质教育、课程改革，让学习回归本质的有效教学模式之一，值得进一步探索。项目化学习作为一种实践体验式的学习方式，很能满足劳动课程学习的要求，培养学生的实践能力，激发学生的学习热情，促进跨学科知识融合，提高学生的综合素质。

第二节　项目化学习的既有成果

　　项目化学习是一种师生通过共同实施一个完整的项目任务而进行的教学活动。在文献研究和实践过程中，我们主要关注了如下研究成果。

　　夏雪梅博士提出学习素养视角下项目化学习具有以下四个特征：核心知识的再建构、创建真实的驱动性问题和成果、用高阶学习包裹低阶学习、将素养转化为持续的学习实践。

　　巴克教育研究所提出了项目化学习的八大"黄金法则"：重点知识的学习和成功素养的培养、解决一个有挑战性的问题、持续性的探究、项目要有真实性、学生对项目要有发言权及选择权、学生和教师在项目中进行反思、评论与修正、项目化学习成果的公开展示。

在笔者的实践和研究中，项目化学习的特征包含以下六个方面：

指向个人价值和社会价值的结合；指向核心知识的再建构和思维的迁移；指向真实而有挑战性的问题；用高阶学习驱动低阶学习；有持续的探究与实践；有凝结核心知识的指向驱动性问题解决的公开成果。

通俗点说，就是：

第一，我们要把"学科概念"当作"有趣话题"，这是项目化学习的重要思想。同时也充分体现学科学习的生活化、趣味性、个性化和生成性的特点。单纯的"概念"是普通的学习，综合的"话题"是项目化学习。

第二，项目化学习是一个动态生成的基于"项目"的微课程。设计好"项目"，是基础中的基础，什么是好的学习性"项目"？核心是去解决"真实问题"，问题的真与假、好与坏，关键在于情境化或生活化设计，以及问题解决的可操作性。另外，作为微课程的"微"应体现在细微、真切、实在。

第三，成果导向和过程协作是项目化学习的显著特征。作为项目，必定有个预期的成果。成果可以是研究结论，也可以是作品，甚至可以是产品，它必定能承载项目学习的成效与精华，可以用来交流、展示和辐射。项目是学习的载体，目的是让学生带着共同的志趣聚在一起，通过完成项目任务，让学生在此过程中相互沟通、协作、互补，完成思想的碰撞、学习的交流和成果的表达。

第四，项目化学习的关键在于设计，设计就是要把概念转化为话题，以及通过内容话题的形式、展开与深入、过程与方法、结果与结论的预设，来引领学生交流讨论，既内化概念，又提升素养。它的意义主要体现在三个方面：一是以项目撬动学习变革。项目化学习不仅拥有先进的教育理念，而且已形成了一套较为成熟的操作流程，有助于对传统教学流程的再造。学生学习的变革，开始时更多的是在于学习方式与形态的变化，并以此带动学习情感与效能的变化，最终落实并体现在"以生为本"的现代学习理念上，让学生的核心素养在学习中生长，让综合素养在学习中积淀。二是以项目成就学习意义。学生学习的意义在于生命的圆满成长，学习本质上是一种有生命意义的活动。项目化学习是一种基于项目任务的聚焦学生体验与表达的学习。通过项目活动（任务）来激活生命的潜能、活力和意义，既是项目化学习的内在价值，也是学习的真正意义。三是以项目收获美好的教育成果。教育的美好，最终都会化为美好的教育成果。项目化学习，"想"都是问题，"做"才是答案。故需要且思且行，只要师生在项目中共同投入热情与智慧、时间与精力、实践与梦想，一定会收获美好的教育成果。一个项目化学习的实践，很可能是一串美好的教育成果。美好的教育成果，肯定不是"想"出来的，而是"做"出来的。

总之，以协作的方式进行真实的实践活动和多维的思维碰撞，最终形成情境化或个性化的结论（项目成果），就是项目化学习。

综上，项目化学习是一种学习方式，也是一种课程设计方法。

第三节　项目化学习的时代担当

《教育部关于全面深化课程改革落实立德树人根本任务的意见》提出,"教育部将组织研究各学段学生发展核心素养体系,明确学生应具备的适应终身发展和社会发展需要的必备品格和关键能力",它从中观层面深入回答了"立什么德、树什么人"的根本问题,引领课程改革和育人模式变革。学生核心素养发展以科学性、时代性和民族性为基本准绳,以培养"全面发展的人"为核心,分为文化基础、自主发展、社会参与三个方面。学生六大核心素养包括人文底蕴、科学精神、学会学习、健康生活、责任担当、实践创新。发展学生核心素养的落实途径:一是通过课程改革落实核心素养,二是通过教育实践落实核心素养,三是通过教育评价落实核心素养。

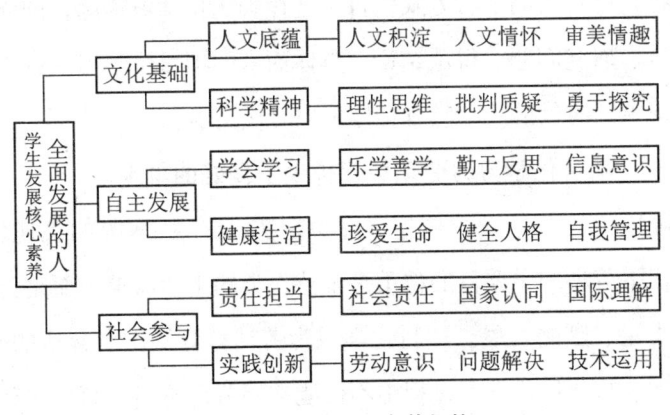

```
                            ┌─ 人文底蕴 ── 人文积淀  人文情怀  审美情趣
              ┌─ 文化基础 ──┤
              │             └─ 科学精神 ── 理性思维  批判质疑  勇于探究
学生发展      │             ┌─ 学会学习 ── 乐学善学  勤于反思  信息意识
核心素养 ─全面┼─ 自主发展 ──┤
发展的人      │             └─ 健康生活 ── 珍爱生命  健全人格  自我管理
              │             ┌─ 责任担当 ── 社会责任  国家认同  国际理解
              └─ 社会参与 ──┤
                            └─ 实践创新 ── 劳动意识  问题解决  技术运用
```

图 1-1　学生核心素养架构

项目化学习指向核心素养

义务教育劳动技术课程强调学生直接体验和亲身参与,注重手脑并用、知行合一,倡导"做中学"和"学中做"。引导学生通过设计、制作、实验、探究、展示等方式获得丰富的劳动体验,习得劳动知识和技能,感悟和体认劳动价值。而项目学习实现了从知识到能力素养的机制转化,学生从知识的输入、建构到简单辨识和应用,再到复杂、陌生的问题解决,逐渐实现了知识从外部的功能化,再到系统、稳定的素养内化,完全可以承载核心素养培育的目标。

以往在传统教学中,学生往往是按照教师提出的任务要求按部就班地制作统一尺寸、同一款式的作品,学生被动参与,未能按照自己的兴趣、爱好进行选择,缺少主动选择的机会和积极探索的意识。在整个学习过程中学生自主探索、自我支配、自我管理意识薄弱,他们被动参与、消极对待、身心"分离",于是劳动教育便流于形式,难以取得实效。而在劳动课程中实施项目化学习,学生可以选择自己喜欢的学习方式,自主选择和优化学习资源,同伴间相互配合、研究问题、得出结论。具体而言,项目化学习从以下五个方面影响新时代的劳动教育,体现出时代担当。

一、项目化学习为劳动教育提供了良好的氛围

随着人工智能、大数据、虚拟现实、5G 技术等的飞速发展,新时代下劳动的主要目的将不是维持人类的生活需求,而是为了促进人类手、脑的发展。项目化学习为劳动教育提供了合适的土壤,学生在参与项目化学习过程中不仅能掌握劳动技能,而且还获得了正确的劳动观念、劳动情感。项目中学生自主选择的多元化的劳动

本身就是劳动教育，而项目化学习也强调在真实情境中提高问题解决能力，这与国家课程方案提出要"关注学生学习过程，创设与生活关联的、任务导向的真实情境，促进学生自主、合作、探究性的学习"课程实施要求不谋而合，让学生面对真实的个人生活、生产和社会性任务情境，亲历实际的劳动过程，通过观察和思考，运用所学知识解决实际问题。

二、项目化学习有效促进学生创新思维的生成

劳动课程是一门给学生提供较多自主探究、创新应用、发明创造等空间的课程，有利于唤醒、发掘、提升学生的创新潜能，促进学生的自主发展。新时代劳动形态呈现出持续迭代、新旧交融、多元并存的特征，要求劳动者不仅具备从事专业技术领域工作的能力，同时还具备复合素质以及跨界整合力、沟通协作力等。项目化劳动呵护每一个学生微小的创造力。教师创造机会让不同的微小创造力之间建立联系，以"设计思维"为导向，充分发挥学生的主体性，重视劳动教育过程中的"以劳创新"。从学生的个人兴趣和实际需求出发，鼓励学生不断思考、探索，自主选择探究方向，投入体验；在学习和借鉴他人丰富经验、技艺的基础上，尝试新方法、探索新技术，打破僵化思维，推陈出新；在习得劳动知识和技能的同时注重树立良好的劳动观念、劳动习惯和劳动情感。

三、项目化学习与劳动课程标准要求高度吻合

项目化学习是一种全新的教学模式，它尊重学生兴趣、基于经验、联系生活。学生是项目情境的主人，通过整合各个学科的知识

和生活经验，在团队配合下，分析问题，学习该问题的相关知识，尝试解决问题。老师把实际问题作为教学材料，结合学生的个人生活、校园生活和社会生活，采用问题引导的方式引导学生从现实生活中发现需求，选择和确定劳动项目，不断地激发学生去思考探索，最终解决问题。在这个过程中，学生们所进行的探究、沟通、创新和协作等行为，是传统教学模式无法企及的。而劳动课程标准定位是要求每个学习者都要通过技术实践获得直接经验，提高运用能力；课程同时是融科学、技术、人文于一体的综合课程，它涉及生活、工农业生产的众多领域，还融合了社会、经济、法律、伦理、环境等内容，需要学生运用数、理、化、生、美等多门学科的知识，通过收集分析资料、构思方案、设计、制作、交流、评价等技术实践活动，实现知识内化。可见，项目化学习顺应了劳动课程标准的要求，打破了传统劳动技术课程单一的教学模式，为学生提供了方法指引，让学生开始有了工程师的思维。

四、项目化学习指向劳动学科核心素养

新时代背景下开展的项目化劳动教育，让学生通过任务驱动开展项目化学习，整合各个学科的知识进行情境探究，和团队协作、分享，解决各种问题，让学生有机会去经历自己的微创造，并让其持续生长、壮大，甚至体验专业领域创造的机会，从"碎片化学习"走向"系统性学习"，以更加高级的"输出学习"带动更加深入的"输入学习"，促进学生学习方式的转变，培养核心素养，实现劳动的育人价值。

五、项目化学习优化整合劳动教育课程

项目化学习的教学，涉及语文、数学、艺术等科目，教学内容是围绕各种问题所编制的综合课程。这就要求学生需要通过跨学科、跨领域的学习来解决问题，有助于培养孩子解决综合问题的能力。如何让课程变得鲜活有趣味？教师要重点关注项目的选择、课程主题设计、项目学习过程评价等。如设计什么样的项目才能找准学生各科的"痛点"，这成为项目化学习研究者关注的重点。在这个过程中需要调用什么样的学科知识，产生什么样的学习成果？在设计项目时教师要把项目分解成一系列学习活动，对接日常生活情景引入学习资源，调动学生学习兴趣，用高阶任务驱动学生走向深度学习。我们认为"选题"设计应包括从知识技能到生活场景的应用。项目"选题"设计的关键在于能不能有效地把学科知识融入任务情境中，如"药膳制作"项目化学习，其落脚点就是中医药知识和烹饪知识等，涉及生命科学、营养学、中医学、美学等，学生可以通过这个项目活学活用许多学科知识。毫无疑问，一个真实的、鲜活的选题是一个项目的"心脏"。如此，方能真正地实现深度学习，学生在项目中习得的知识和能力，能够为自己未来的生活做出指导和帮助。

第四节　劳动课程中的项目化学习

义务教育劳动课程以丰富开放的劳动项目为载体，重点是有目

的、有计划地组织学生参加日常生活劳动，让学生动手实践，出力流汗，磨炼意志，培养学生正确的劳动价值观和良好的劳动品质。劳动课程要培养的核心素养，即劳动素养，主要是指学生在学习与劳动实践过程中，逐步形成适应个人终身发展和社会发展需要的正确价值观。其必备品格和关键能力是劳动课程育人价值的集中体现，主要包括劳动观念、劳动能力、劳动习惯和品质、劳动精神。

劳动课程注重引导学生通过多种方式获得丰富的劳动体验，习得劳动知识与技能，感悟和体验劳动价值，培育劳动精神，同时注重评价内容多维、评价方法多样、评价主体多元，着意在培养学生解决实际问题的能力，使学生的创造潜能得到良好的引导和有效的开发。

一、当下中学劳动教育中存在的问题

当下，许多学校存在打卡式、观光式的劳动教育，部分教师、家长对劳动教育的内涵有所误解，常常将劳动窄化为参与简单的体力劳动，致使劳动教育成为与脑力劳动、日常学习无关的活动，被认为是学生的额外负担。这主要表现在以下几个方面。

（1）劳动观念普遍薄弱。许多学校领导和教师存在劳动观念薄弱的现象，家长则"更胜一筹"。在应试教育的驱使下，许多教师只关心提高学生的文化课成绩，而忽略了学生的劳动素养提升。而家长对孩子的教育目标存在错位，只看重考试成绩和排名，家里一切事务由家长全权代劳。

（2）整体支持力度不够。在中小学中，往往存在这样一种现象：缺少劳动课专职教师、劳动教育课时不足、有关材料经费不够。许多学校都是由非专业教师担任劳动课教师；在时间方面，很多劳动教育课还会被占用。由此可见，在理论学习方面，学生长时间不能系统全面地学习有关劳动课程的知识和技能；在实践方面，缺乏应有的时间和机会，导致劳动教育的弱化。

（3）评价机制不尽完善。中小学劳动教育评价是劳动课程体系重要的组成部分，对促进劳动课程的目标实现、保障劳动教育的实施效果具有重要意义。然而，当前中小学劳动教育评价存在评价内容单一刻板、评价方法简单量化、评价主体单一、评价结果功利性取向严重等问题，阻碍了劳动育人价值的实现。

（4）教学模式囿于传统。在劳动教学中，我们常常发现，老师认真地讲解操作技法，学生却不认真听，到学生操作时，就问题百出。一节很好的劳动设计课，在实际操作中学生不配合，或者课堂乱糟糟没法控制，让很多老师感到困惑。传统的劳动教学模式是"先教后学"，老师先示范讲解，学生模仿着动手操作，在课堂巡视过程中发现问题后采用了全班讲解的教学方法。这样的课堂时间久了，学生少了探索的乐趣，对劳动课的兴趣也会逐步淡化。

二、劳动课程中项目化学习的着力点

为使项目化学习凸显上述优势，取得学习实效，须在如下四个方面下功夫。

（1）启发学生找到学习项目的驱动性问题。兴趣是成功的钥匙，它可以将人的潜能发挥到极致，让人的注意力长时间集中在某一件事情上，取得令人瞩目的成绩。

以科教版六年级"玉米结"一课为例，设计驱动性问题：在"三环结"的基础上连续编制将是一个什么样的结？一个魔术般的驱动性问题将引领学生进行深度探究，起到抛砖引玉的效果，引出后面的探究内容。

（2）找到学生在项目化学习中可能会遇到的问题。每节劳动课都有一个技术难点，只要抓住这个难点，巧妙应对，就可以顺利上好劳动课。当然学生的生源不一样，常常同一节课出现的问题也不尽相同。但一般都可以让学生自己先构建相关知识，当遇到问题时再去探索解决之道。我们可以先给学生一个学习支架，让他们跟着学习支架自学。例如让学生先根据书本的步骤图来推敲各步之间的关系，让学生自己发现掌握不了的地方，再去逐层研究、突破。

仍以"玉米结"一课为例，先让学生根据自己的理解，看编制符号图学习圆形玉米结的编制，利用自己已有的知识和经验去思考、操作。结果，学生出现了很多问题，有些学生找不到第二个结开始的绳头，有些学生顺逆方向搞不清楚，还有些学生正反面弄错了。这三个问题就是这节课的重点和难点。老师让学生主动提出问题，随后播放编制教学视频，对照刚才的操作，很快就解决了问题，这时再出示编制口诀，并把每个编制步骤都做出分解图，学生一下子就会了。他们能渐渐地体悟到"玉米结"变化的一般规律，尝试编制有规律的创意作品。在这个过程中，学生思维从不流畅到流畅，作品形式从简单到复杂，整个过程不仅训练了学生的思维深度，而且有利于学生的创新思维发展。

（3）设计覆盖全程的评价。老师不仅要在初期启动和中期操作时及时评价，在操作后更要启发学生自评和互评。在"玉米结"一课的教学中，学生完成圆形玉米结后，老师引导学生从劳动态度、编制质量等方面进行自评、互评。学生能够有意识地对自己作品进行改进，对他人出现的问题也能给予很好的建议。

（4）课后让学生进行可持续性探究。项目化学习要让学生学习的是核心知识，通过这些核心知识，让学生自己去发现知识与真实世界的联系，最终让学生能够实现知识的再建构，在新的环境中运用、转化，产生新知识，并且再运用，以解决实际问题。鉴于上述标准，要花心思设计交流评价环节，在劳动课的最后环节，一般都是把小组里评出的最佳作品拿上来交流展示。这个环节不仅仅是看看哪个作品好，还要注重课后延伸。让学生上来评比展示，讨论一下为什么这个作品好，好在哪里？这时候要抓住时机，让学生说说这个作品还有哪里可以改进？还能用其他材料吗？或者造型上还能变一变吗？当然这些问题还要根据课程的重点、难点来设计。比如我们上"玉米结"拓展部分时，可以让绳带的数量由两根变成四根，绳带的颜色由一种变成四种，让学生根据设计需求选择材料，产生知识的迁移。

三、劳动课程青睐跨学科项目化学习

按照项目化学习所覆盖的知识范围的大小，对学校课程的影响力度，我们可以将项目化学习划分成不同的课程样态，从小到大分别为：微项目化学习、学科项目化学习、跨学科项目化学习、超学科项目化学习。四个从小到大不同样态的项目化学习，让学生层层递进，逐渐达到以不同学科的关键概念或能力为载体指向真实世界中的问题解决。这通常需要整合不同学科的知识和能力，共同指向真实情境中的问题，在探索与解决中体现出对不同学科领域的知识的整体理解。

2022年上半年教育部正式印发《义务教育课程方案》，将劳动课从原来的综合实践活动课程中完全独立出来，并发布《义务教育劳动课程标准（2022年版）》，劳动课正式成为中小学的一门独立课程。新课标的发布，直面当前义务教育劳动课程实施过程中存在的问题，指导并引领劳动课程的实践。当前劳动课程教育中主要存在两大问题：一是劳动教育"片面化"问题；二是劳动教育"表面化"问题。如何改变劳动教育中的这种现状？如何探求劳动学科中的跨学科教育的新模式？我们认为，可通过劳动学科的跨学科项目化学习来探索解决问题的新路径。

劳动学科跨学科项目化学习有如下一些关键特征：跨学科项目化学习不是为"跨"而"跨"，更不是各个学科的拼盘。不同学科之间是通过问题、概念、成果联系在一起的，使学生能够对正在学习的主题产生新的认识和深度理解。一方面它需要学科间的整合作用，另一方面又需要有对学科的本质性理解，它的质量取决于对各个学科本质的理解，如科学类跨学科项目化学习要基于对生物、物理和化学学科本质的理解，艺术类跨学科项目化学习要基于对音乐学科和视觉艺术本质的理解等。

在此基础上，学生通过主动选择、参与整个项目中多元化劳动的过程，对新知识、新技术、新工艺、新方法的应用有了直观的认识，有利于学生创造性地解决实际问题，也对培养学生会劳动、爱劳动、创造性劳动的意识起到推进作用。学生在劳动中见证自己改造环境的力量，激发了劳动带来的成就感和幸福体验，也养成了良好的劳动习惯和品质。

第五节　项目化学习的六维度设计要点

项目化学习是系统的学习过程，其过程设计涉及六个维度，包括核心知识、驱动性问题、高阶认知、学习实践、公开成果以及全程评价。这六个维度在项目化学习中往往表现出双线或多线并行的特征。它的设计，一方面是基于课程标准中的关键概念和能力，另一方面又指向创造性思维、批判性思维、探究问题、解决问题、合作等重要的跨学科素养。这种设计体现了学科的学与教方式的变革以及它同真实情境的整合，体现了跨学科素养的融合。上述六维度的设计要点都是综合在一个单元中整体呈现的，如此才能够让项目化学习的单元具有足够的张力，拓展和深化学生的思维，同时把握住关键的知识点。

一、核心知识

"跨学科"学习一般有一个关联的组织中心（如大概念，学科核心知识），服务于一个问题。核心知识是开展项目化学习的必备条件，夏雪梅老师在她的专著中曾提出：认知科学领域，对于知识的分类，有陈述性知识和程序性知识。而安德森的知识框架则分为概念性知识、事实性知识、程序性知识和元认知知识。笔者认为项目化学习聚焦的知识类型，主要是概念性知识，因为作为终身学习者，我们的任务就是要对概念的意义和价值永远保持探究的精神。学生形成概念性知识不仅意味着他知道这个概念，而且能够理解它的特点，能举出不同类型的正、反例，能运用这个概念作为工具来分析新的情境。概念性知识超越事实层面，指向思维，促使各种事实性知识的整合。如果没有概念，事实性知识将处在零散的水平上。概念可以让学生将事实性知识作为材料和内容来进行抽象思考。从事实到概念是一个抽象化的思维过程，这就是我们常说的由实践层面到理论层面的飞跃。知识越具体，老师教起来越容易，学生学起来也容易，可是相对地，这样的教学难以抽象和迁移，只能就事论事。知识越抽象，上升到概念、原理、理论的角度，教学就越难。

比如"艺术"就是一个概念，它高度概括，需要学生抽象出各类艺术的核心要素，而这些要素又会促使学生提炼艺术的基本属性。概念的学习所耗费的时间要更长于主题学习的时间，但是一旦学习了概念，学生在后续类似的情境中就会产生更深刻和持久的迁移。

以往的劳动教学，老师过于热衷于知识点和技能讲解，大量的操作示范会挤占老师和学生深入探索某一个概念的时间。比如每天放学老师都会发来当天的操作要点，总结很到位，但在课后作品中反馈出来的是操作要点掌握不够熟练，原因就是没有深入理解概念，课堂探究深度不够，导致学生在完成作业的时候还要再翻一翻知识点去套用，而不是因理解当天学过的概念去解决问题，这是很被动的一种学习方法，长此以往会形成学习倦怠感。

另一个例子就是有些家长习惯于主动灌输，在和孩子的交流过程中，缺乏就某一问题的深度探讨和互动。比如，平时手工制作的时候，家长习惯性地会代替孩子完成大部分作品，这样实际是打断了孩子在制作过程中一个完整系统的思维过程。这个过程很重要，是孩子专注去做一件事的体现，家长的代劳，打断了孩子的专注，使事倍而功半，甚至让孩子无功而返。

什么是概念呢？概念跨越时间、文化和不同的情境，是对一系列样例共性特征的心理建构，分为宏观概念和微观概念，无论哪一种，它们都具有相同的特征：永恒性、普遍性和抽象性。

概念是项目化学习的直接知识目标，它和知识点的区别在于知识点是琐碎的、零散的，它是我们日常教学活动当中，为了提高一节课的效率，使内容更清晰而割裂开的知识，没有整体的连贯性。但是项目化学习指向的是对概念的本质性的理解，需要让学生全面理解概念的特征，在不同的情境中丰富对概念的认识，通过对概念的运用解决实际问题。因此项目化教学不直接指向知识点，但是会通过概念包含知识点，从而实现高阶学习带动低阶学习。概念的掌握和运用等属于高阶学习,而对于知识点的学习,属于低阶学习。

从知识点到概念,需要一些比较中观的概念来支撑。那些在特定的项目化学习中最适合的概念被称作"关键概念",而核心知识则是与这个项目化学习相关的关键概念及一系列与之有关的基础知识和技能,包括其他学科所涉及的相关知识。

二、驱动性问题

驱动性问题是指围绕项目主题设计的、契合课程标准的具有凝练意义的问题,它是能够引发学生自主探究和推动学生问题解决的关键性问题。在当前学科教育实践中,项目化学习多以综合实践活动课的形式展开,存在偏重形式忽视内容、学生的探究不够持续且缺乏深度等问题,这些问题的出现与教师对项目化学习中驱动性问题的理解和设计存在密切关系。

项目化学习需要以对学生有意义且重要的问题为线索来组织和推进,这一问题具有激发学生的好奇心、可行性、价值性、情境性、可持续性等关键特征。一个好的驱动性问题能营造一种充满求知欲的学习氛围,鼓励学生积极地寻找问题的解决方案,帮助学生建立科学知识与生活的联系,并提高学生整合学科知识的能力。可以说,驱动性问题是项目展开的核心和灵魂。驱动性问题是项目化学习的出发点,具有激发和组织学习活动的功能。设计驱动性问题时需把握它的关键特征:

(1)驱动性问题能激发学生的好奇心。驱动性问题作为项目化学习开始的第一步,旨在激发学生的求知欲,并让学生在此基础上提出更多的子问题。同时让学生探究未知问题并找出解决未知问题的方案。例如,"餐桌上的四季是怎样的"这个问题与学生的生活紧密相关,能很好地激发学生的兴趣,同时可以产生很多子项目,如,高血压患者餐桌上的四季是怎样的,他们能长期吃菜饭吗?

(2)设计驱动性问题必须具有可行性。设计驱动性问题必须考虑学生的认知水平和操作水平,不仅要让学生能通过自主探究解决驱动性问题,还需保证学生在实施探究中所需的资源和材料都是容易获取的。例如,"宇宙中真的有外星人吗",这个问题虽然能激发学生的好奇心,但是学生很难获取可供实践探究的资源和材料,而"怎样让黄瓜爬上墙"这个问题,学生就可以通过搜集资料、实地考察、做科学实验等途径来展开探究。

(3)驱动性问题应当具有价值。驱动性问题应以课程标准为基础,所涉及内容需与课程标准中所要求教授的学科知识相关,能让学生进行充分探究和学习,让他们意识到这个问题对他们是有意义的。例如,学生在探究"笔筒设计"的过程中,会学到课程标准中木质材料的特性、交错粘接、对称粘接等核心概念。这些对于他们的动手能力和解决实际问题都是很有帮助的。

(4)驱动性问题需要真实的情境。驱动性问题一般是基于真实世界的议题提出来的,能让学生投入与他们生活息息相关的真实情境中去进行探究,并会对他们的日常生活产生影响。例如,在探究"纸的前世今生"这个驱动性问题时,教师可以让学生通过搜集资料、观看造纸微视频、参观造纸厂等活动,建立起与真实世界的联系，同时鼓励学生利用身边的原料和造纸工具，学会再生纸的制作。

（5）驱动性问题应具有可持续性。好的驱动性问题，一方面能引发高阶思维，另一方面能够提供问题的延伸方向，为相关信息和内容的扩展进行铺垫。例如，在解决"水仙促控技术"这个问题时，学生能够计划并开展实验，探究从阳光、温度、机械损伤等方面控制水仙的生长，从而保证项目能在一段时间内持续进行，并能举一反三，延伸到其他类似问题的提出和解决。

（6）驱动性问题较本质问题更有趣味性。也许有人会问，在项目化学习领域，几乎所有的研究者都在提驱动性问题，但为什么还要提本质问题呢？驱动性问题和本质问题有什么区别呢？驱动性问题就是将比较抽象的深奥的本质问题转化为特定年龄段的学生感兴趣的问题。本质问题比较抽象，而驱动性问题则嵌入了学生更感兴趣的情境。因此在进行驱动性问题的设计时要将非常深奥的包含关键概念的本质问题转化为与学生生活经历相关联的驱动性问题，增加问题与学生的关联度，让学生更感兴趣，一个具有挑战性的驱动性问题，能够促进学生的高阶思维发展，让学生在高阶学习中内化知识，提高能力。通过富有挑战性的驱动性问题，提高学生思维的广度和深度。

比如，在"水仙雕刻与造型"单元中，我们的本质问题是："怎样设计一个水仙成果，实现它的社会价值？"这问题比较抽象，所以我们设计了"为什么我们的水仙直挺挺地向上生长，而老师的水仙却能按照他的意愿横向舒展?"这一问题。这个问题更能激发学生的学习兴趣。

三、高阶认知

夏雪梅博士在《PBL项目化学习设计》这本书中提到:认知策略分为高阶认知和低阶认知。高阶认知包括问题解决、创见、决策、实验、调研、系统分析六种。低阶认知包括获取和整合知识、扩展和精炼知识两种。高阶认知的获得是建立在低阶认知的基础之上的。同时它反过来带动更多低阶认知的扩展。

跨学科项目化学习聚焦于问题解决、创见、决策、实验等高阶认知策略。

1. 问题解决

问题解决是一个明确结构不良问题的目标与克服障碍的过程。心理机制为:(1)我们想实现什么?(2)在实现目标的过程中是否有限制或障碍?(3)克服限制或障碍的解决措施有哪些?(4)我们将尝试哪一种解决措施?(5)我们的尝试成功与否,我们是否应该尝试另一种解决措施?

2. 创见

创见是指通过形成原创性的产品或其过程以满足具体需要回答的"怎样才能在某种情境中创造出新东西"的问题,创造出的这个东西不仅要充满想象力和创造力,而且还要实用。和刚刚的问题解决不同,创见遇到的障碍和要求主要来源于创造者自己。这个过程充满了自由与创造性。

3. 决策

决策指的是要提出或运用标准，并借助推理，从几种方案中做出选择。心理机制：（1）我们正想决定什么？（2）我们的选择方案是什么？（3）做出决定的重要标准是什么？（4）每项标准的重要性如何？（5）每个可选方案符合标准的程度如何？（6）哪一个方案最符合标准？（7）对决定的感觉如何？（8）需要调整相关标准再试一次吗？

4. 实验

实验是对所观察的现象提出解释并进行检验的过程。实验的心理机制：（1）我们观察到了什么？（2）我们怎样才能解释它？（3）依据我们的解释，我们能预测到什么？（4）我们如何检测预测？（5）实验中发生了什么？（6）它是我们预测的东西吗？（7）我们是否要做不同的解释？

5. 调研

调研是指明确并解决那些有争议或相矛盾的问题，消除模糊的观点，收集和澄清有用的信息，并将其组织起来，用他人理解的方式呈现出来。调研的心理机制：（1）我想解释什么事件或观点？（2）人们已经知道了什么？（3）人们在理解这一观点或事件时有什么模糊之处？（4）有什么建议可以消除？（5）如何对自己的建议做出辩解？

6. 系统分析

系统分析是指要分析系统的各个部分及其相互之间的交互作

用。系统分析的心理机制：（1）系统由哪些部分组成？（2）哪些事物与这个系统相联系但不是该系统的组成部分？（3）系统的各个部分如何相互影响？（4）如果系统的某个部分停止或发生改变，将会发生什么事情？

系统分析可以用在两种情形：第一种情形是项目化学习的目标概念就是"系统"；第二种情形是关注了几个学科的概念，并且这些学科概念之间是相互联系的系统关系。

四、学习实践

学习实践活动指的是通过参与非理论的实际活动，将学习的知识运用到现实生活之中或者通过实操、探访的形式更确切地掌握知识以达到学习的目的。夏雪梅老师在她的著作中构建出了五种实践形态：探究性实践、社会性实践、审美性实践、技术性实践、调控性实践。

项目化学习的开展需要学生的亲身实践，需要学生带有思考、假设、探究性质的动手动脑的行动。探究性实践是项目化学习的主要实践活动，也是学生在解决问题时，经常用到的实践活动，是在对真实世界的观察中产生问题，经过和知识的联结、抽象，再次回到真实的世界，产生迁移。社会性实践是指通过与他人的交流沟通，获取信息，在与他人的相互理解、相互合作中解决问题，建立社会性联系。学生在社会性实践中发展自己的交流与合作能力。审美性实践是指在项目化学习的成果呈现中，包括产品的制作、报告的形成等中，需要学生有一定的审美能力。技术性实践是指学生灵活运用各种工具解决问题。调控性实践则是针对项目化学习时间的不确定性，学生在项目化学习中积极有效地自我调控，使学生更加主动地学习，延长学生学习的有效性。

五、公开成果

项目化学习最终要形成公开的有质量的成果，在多样的群体中进行交流。公开的成果展示可以让学生意识到的学习的价值，并受到其他人（不仅仅是老师）的关注。项目结束后，学生还可以在展览、社区平台或网上公开展示和介绍他们的成果。

六、全程评价

为了促进学生个人和团体共同进步，项目化学习评价指向学习目标，考查的对象是学生，既有对概念性知识、高阶认知策略的评价，也包含对低阶的基础知识和基本技能的评价，两者之间有一个平衡，具有逆向设计的特点，贯穿项目始终，包括表现性评价和纸笔测试类评价。

项目化学习评价不同于一般评价。

（1）项目化学习评价强调更加深层次的概念理解和问题解决。

（2）项目化学习中的评价比传统的课堂评价考查的范围更加宽广。

学习实践和最终成果都更需要运用量规设计的方法来进行评价，量规是一个评分程序或指南，列出了学生表现的特定标准，描述了在这些标准上的不同表现等级。一个好的量规可以强调关键的评价，体现评价的温度，给学生充分的指导，让学生知道什么是好的表现成果，什么是不能接受的表现成果，并对照自己和同伴的行为，引发学生的自我反思，引导学生更深层次地探索、创造与合作。而且，由于评分者来源与分数的多样性，来自同伴、老师、外部公众的评价、建议都有可能作为评价，每个人都会获得好几个不同的分数或等级，大家的主观判断各有不同，量规可以创造一个统一的话语平台，在各个评价者之间达成一致，因此，建议学生和同伴、教师在项目化学习一开始就分享量规并达成共识。

（3）评分者来源与分数具有多样性，每个人都会获得多个不同的分数或等级。

项目化学习的评价是多元且丰富的，要求设计者同时运用过程性和总结性评价策略及多元主体参与的评价方法来促进学生真正投入学习。它指向学习目标，具有目标—实践—评价的一致性。过程性评价主要考查学生的认知策略和实践，总结性评价主要考查学生最终的学习成果。核心知识、主要的高阶认知策略、重要的学习实践是需要在过程性和总结性评价过程中体现出来的，评价主要考查的是学生，主要聚焦以下几个问题：①最终成果是否回答了驱动性问题？②在最终成果中是否产生了对概念的深度理解和掌握了相关知识技能？③学习实践的质量如何？④在类似的情境中是否产生了迁移？⑤在过程性的成果中是否证明了相应的学习实践的产生？该评价要比传统课堂评价考查的范围更加宽广。评价不只是教师才可以进行，学生也可以自评或者互评。

第六节　六维度设计在劳动课程中的落实

如前所述,项目化学习中的六维度设计法是一种利用维度分解方法进行课程设计的有效方法。这种设计法将课程分解为核心知识、驱动性问题、高阶认知、学习实践、公开成果和全程评价六维度,并根据这些维度实现课程目标。在中学劳动课程项目化学习中,怎样有效地落实这六个维度的设计要求?

根据劳动课程标准要求,对照六个维度设计要点,我们认识到这六个维度不是生硬划分开的,而是糅合在每个实践活动的各个步骤中,顺序可能会有颠倒,可能会有重复或是彼此有重叠,但我们的出发点和落脚点永远是:有目的、有计划地组织学生参加日常生活劳动、生产劳动和服务性劳动,让学生动手实践,出力流汗,接受锻炼,磨炼意志,培养学生正确的劳动价值观和良好的劳动品质。结合劳动课的特点,我们将劳动课程的项目化学习设计成六个阶段或是六个环节:入项活动、知识与能力建构、探索与形成成果、评价与修订、公开成果、反思与迁移。

一、入项活动

入项活动的主要目的是通过真实或模拟的情境,让学生对主题学习产生浓厚的兴趣或认知冲突,提出驱动性问题。驱动性问题就是在本质问题的基础上加上情境。本质问题往往是抽象的,在设计项目化学习时,需要我们将本质问题转化成适合特定学习对象的驱动性问题，具体是要嵌入学生感兴趣的情境，使这类问题有趣又不失挑战性。项目化学习非常强调高阶学习和低阶学习的整合，即在一个项目化学习中要同时搭配高阶学习和低阶学习，采用适合的认知策略，可以促使学生在学习过程中持续地探索驱动性问题，实现高阶思维带动低阶思维的目的。一个项目化学习的质量高低，可以通过分析驱动性问题背后隐藏的认知策略，以及项目化学习整个流程中的认知策略是否为高阶认知策略来判断。所以，在设计项目化学习时，要注意设计高阶认知策略，避免沦为低质量的项目化学习。如果发现整个项目化学习运用的都是低阶认知策略时，需要转换设计方案。

二、知识与能力建构

这个阶段的主要目的是让学生建立与以往所学知识或已有经验的关联，探索问题与已有知识以及将要学习的核心知识间的联系。核心知识指的是关键概念与能力，是对该学科知识点的整合与归纳。

三、探索与形成成果

组成项目小组，形成探索问题的路径和初步成果。项目化学习不是简单地、按部就班地让学生完成活动做出成果，而是要学生经历有意义的学习实践历程。进行学习实践设计，可以使学生在开展项目化学习过程中做到知、行、思合一。在项目化学习实践中，需要学生扮演学科专家，或作为一个明智而理性的人遇到真实问题时进行决策、思考和解决，形成成果。

四、评价与修订

项目小组接受教师、同伴或外部专家的建议与评价，也对他人的成果进行评价，并根据评价修订成果。项目化学习的评价包括核心知识、学习实践和成果的评价，而成果的评价又与成果的产生、公开汇报相关联。在设计项目化学习评价时，注意评价要指向学习目标，可以以终为始，进行逆向设计，使评价贯穿项目的整个过程。因项目化学习强调高阶学习和低阶学习的整合，所以，评价中大多既要有考查高阶学习的表现类评价，也要有考查低阶学习的纸笔测试类评价。从项目化学习评价的要点可以看出，项目化学习评价相比日常教学的评价，更强调学生深层次的概念理解和问题解决，考查的范围更宽广。此外，更强调评价者的多元化，鼓励更多的相关人员参与到评价中。

五、公开成果

举办项目化学习成果展，邀请相关人员参与，让学生有仪式感和获得感。简单一点就是确认学习成果以及公开方式。学习成果要指向驱动性问题和核心概念知识，要包含创作的过程，即团队的整体思路。形成公开而有质量的学习项目成果，在多样的群体中进行交流，是项目化学习与其他类型的教学的区别所在。项目成果与驱动性问题一样重要，在设计公开成果时，要考虑成果的类型和表现形式，但是不要限定一种成果、一种形式，也不要一开始就提供给学生模仿或参考的范例。

六、反思与迁移

师生共同反思在活动过程中的各类实践和目标达成情况，分享在类似情境中迁移的实例，通过撰写反思笔记，在公开成果中记录他人的意见和观点。引导学生进行技能的迁移、解决问题综合能力的迁移、思维方式的迁移等多个层面的实践与探索。

综上所述，中学劳动课程项目化学习中的六维度设计法是一种有效的课程设计方法，可以帮助教师设计出丰富多彩、具有挑战性的项目，使学生能够全面掌握知识与技能，提高其学习能力和实践能力，并获得成果的展示机会，得到全面评价。

第二章　项目化学习一：水仙雕刻与造型

"水仙雕刻与造型"学习项目不仅能够提升学生劳动素养、技术素养，陶冶审美情趣，而且可以促使学生思想情感的升华。它在水仙盆景设计与制作方法学习的基础上，通过一定的社会实践，提出了课程学习的高阶任务：能独立构思、雕刻、水养与造型水仙花，并为作品"命题"，撰写"创意词"，实现技术素养和艺术素养的同步提升。

为丰富学校劳动教育平台，学校加强了"水仙雕刻与造型"优质课程的开发，推广了"水仙雕刻与造型"文化品牌，而项目化学习又为校本特色课程的开发、实施、推广提供了新的动力。"水仙雕刻与造型"项目是学校特色建设强有力的载体，为学校的劳动教育与艺术教育融合做出了积极的实践与创新，不断绽放着课程建设的精彩！

第一节　背景与导入

"水仙雕刻与造型"是初中劳动学科课程的重要教学内容之一，是充分渗透着艺术素养的教育。水仙球的雕刻造型艺术融艺术、文学、美学于一体。因此在该课程中引入项目化学习的方法，可以促进学生劳动综合素质的全面提高和思想情感的升华。

背景：七年级的劳动教材中，介绍了水仙盆景的设计与制作方法，提出的任务是学生能独立构思、雕刻、水养与造型，并为作品"命题"，撰写"创意词"。在教学的过程中，教师往往只注重水仙球雕刻方法与步骤的介绍，而忽略了水仙造型作品的艺术鉴赏和审美设计能力培养，这恰恰是放弃了在劳动素养基础上不断提高综合素养。

七年级学生已经学习了一些生物学的知识，对花卉的习性也有了一定的了解，但对具体花卉品种的了解很有限，而且对于"水仙雕刻和水养"任务，很多学生都是第一次面对，这就决定了学生首先要解决"水仙雕刻、水养常识与技术"积累问题。这里的技术部分对学生来说并不是难点，所以我们在创新性上对学生提出了特别的要求，要求学生创造出不同造型的水培水仙盆景。在学习的过程中，我们决定采用小组自主探究的方式，让学生进行水培水仙的实践操作，并在掌握技能的同时，着力于探究能力、创新能力和科学素养的提升。

导入：冬天，学生们发现了一个问题：很多花儿都经不住严寒的摧残，受不了命运的考验枯萎了。而水仙花却毫不畏惧，歪歪扭扭地向上生长。老师让学生们想想水仙花扭曲的原因，学生在书上寻找答案，或是上网收集资料。

这给开展项目化学习创造了契机，学生们发现了一个问题，然后老师及时地予以引导和鼓励，接着师生共同去设计解决这个问题的学习方案。

在准备阶段，学生们又提出了新的问题：为什么长得像洋葱一样的小球能变出这么多造型？根据项目化学习的设计原则，我们确立了项目名称"水仙雕刻与造型"，设计了驱动性问题"为什么我们的水仙花笔直生长？老师的水仙花却能按他的意愿横向舒展？"。根据水仙的生长周期，我们安排了六周的学习时间。此项目涉及劳动、生物、数学、语文、美术等学科。项目开始前，我们将相关学科的老师组织起来集体备课，商讨了项目整体内容与项目实施时间，设计了项目学习的整体流程，明确了项目负责人与各学科老师的角色与职能。进入正式教学阶段，老师先将本次项目的核心任务"水仙雕刻与造型"布置给所有同学，引导学生进入项目情境并激发他们的思考与探究。随后各学科老师针对项目所需的支撑知识与能力展开了有针对性的教学与活动。在劳动课上，老师指导学生搜集资料，学习雕刻技法和水仙养护技巧，撰写水仙养护日志；生物老师则带领学生运用实验的手段发现水仙的生长规律；美术老师带领学生在绘画的过程中培养色彩、结构、质感等相关美感素养；语文老师通过教授水仙相关的诗词歌赋丰富学生的文学表达，并通过查找水仙花信息的活动，培养学生的信息素养。

经过近一个月的水仙雕刻、水养项目化学习实践活动，学生有体验、有技能、有成果，各班级推出富有特色的水仙成果，布置了班级绿化角，学校举办了区域水仙花展，通过"水仙雕刻与造型"

项目化活动，学生将学习的知识与能力迁移到一个更广阔的空间，从而培养了学生的创新精神和实践能力。

第二节　项目与实施

"水仙雕刻与造型"是一个以劳动课程的项目开发与校本化实施为主题的跨学科劳动项目案例。在这一项目化学习过程中，我们关注的重点不仅是理解知识，更注重学生体会主动探索知识的过程。我们创设一种类似于科学研究的情境和途径，让学生围绕项目研究课题，通过多种途径主动探究、发现、获取信息，学会对大量信息进行加工和评价等，并应用知识解决实际问题。

区别于传统教学，项目化学习需要以多元视角投入与审视。"水仙雕刻与造型"是跨学科项目化学习的内容之一，巧妙设计真实的驱动性问题，通过小组分工合作，探索问题解决的方案，通过合作解决真实情景中的复杂的促控技术问题，培养学生的合作交流能力、动手操作能力、创造力和批判性思维，让他们在全程评价过程中不断完善自己的成果，从而产生学习与心智的迁移，真正实现核心素养的落地生根。

核心知识：本项目涉及的相关学科及主要概念有劳动（设计思维、统筹思维、养殖活动的促控技术），生物（生物对环境的适应性、生物的形态结构、功能和生活习性），语文（文学欣赏与创作），美术（艺术表现力），数学（数学运算、空间观念），历史

（史料实证），物理（机械损伤原理）。本项目实施的时间顺序依次为入项活动、知识与能力建构、探索与形成成果、评价与修订、公开成果、反思与迁移。

活动1 入项活动	活动2 知识与能力建构	活动3 探索与形成成果	活动4 评价与修订	活动5 公开成果	活动6 反思与迁移
项目实施前	项目启动	项目实施中	项目实施中	成果展示	项目实施后
• 启动活动 • 引入驱动性问题 • 关于驱动性问题的全班头脑风暴 • 分组 • 确定目标、发展时间线 • 明确最终必须和可能的作品	• 通过网络探究、搜集相关背景信息，对各种相关人员进行调查或访谈 • 评估已有信息 • 拓展更多的信息来源 • 回顾以往知识 • 学习有关项目微课程	• 组内分工 • 形成设计图 • 水仙雕刻、造型技法探究 • 水仙养护日志交流 • 初步解释、设计和水养作品 • 讨论与评价	• 进行书面或口头汇报 • 开展交流与评价 • 教师或专家给出建议	• 举办公开的成果展 • 对举办成果展进行分工与设计 • 接收更多信息 • 再次修订成果	• 项目回顾 • 填写反思表 • 接受总结性评价 • 分享新情境中的运用

图 2-1 "水仙雕刻与造型"项目活动时间线

一、入项活动

学科教师立足学科育人的立场在思索，到底应将学生教育培养成什么样的人？是从经济文化视角还是从心理发展视角去考虑？学生虽然有自主性，但不会自然而然成为心智自由者。这时，就需要教育介入，要用教育"唤醒"学生，要通过教育帮助学生"成为自我学习者"，并让他们产生学习的兴趣。所以在此项活动设计上，我们做了几次调整。原来的入项活动，是先让学生查资料，搜集有关水仙的各种资料，再让学生朗诵描写水仙的相关诗词，用思维导图说说自己的发现。这样的活动，还是停留在资料收集和整理阶段，是不符合项目化学习入项活动的要求的，因为它将所有的知识信息抛给学生，而没有引导学生从现象出发，发现水仙的直立生长与横向舒展的区别，即没有用一个问题或现象作为兴趣点，去吸引学生，去激发学生新的思考，产生真正的困惑和问题。

真正的项目化学习，是以问题为导向的教学方法，让学生成为自我学习的主角，允许他们质疑、思考、直面挑战、解决问题，在一种自治而有组织的氛围中与同伴合作、探讨，教师团队则给他们充当顾问，并全程进行评估。所以我们调整了入项活动，第一个活动是"水仙之美　走近水仙"，"用手机或相机等电子设备拍摄身边社区、学校、公园、画展等水仙的照片"，激发学生去发现，去研讨。看似一个简单的活动，却充分调动了学生的积极性。第二个活动就不那么容易了，利用多媒体手段加工自己搜集的水仙照片，表达自己对水仙之美的感受。将未经雕琢的水仙和精心造型后的水仙之姿态差异，加以比较和赏析，就会在学生的选择对比中初步呈现问题的导向，这事实上就是学生最初的概念比较，后续随着头脑风暴活动的推进，学生对促控技术逐步产生深刻的理解。

这个项目来源于真实的问题，本身具有整合性。通过驱动性问题将这个整合的项目分解成一个个小项目，每个小项目都推进对整个"水仙促控技术"问题的解决，也都与相应学科的核心概念对应。各学科概念是按顺序出现的，上一个活动的完成是下一个活动开展的基础。学生持续探究，首先科普"是什么？"，接着鉴赏"为什么？",最后才是怎样去雕刻与造型,即"怎么做?"以及"怎么评?"从项目设计上看,这个项目综合了多学科概念,而这些概念是按照问题解决的路径有机出现的。在产生驱动性问题和成果后,就要考虑评价问题,然后进行教学设计。在实施项目化学习的时候,评价从入项活动时就已经启动了。

二、知识与能力建构

在这一环节主要回答四个方面的问题。是什么——水仙雕刻与造型是一种怎样的技术？为什么——水仙雕刻后为什么这么美？怎么做——如何创造出水仙之美？怎么评——指向深层次的概念理解和问题解决。

1. 水仙概述

水仙属多年生草本植物,在中国已有1000多年栽培历史,为中国传统名花之一。它在全世界共有800多种,其中的10多种具有极高的观赏价值。中国水仙是多花水仙的一个变种,在我国主要野生分布在东南沿海地区,以上海市崇明区和福建漳州水仙最为有名。在数百年前,苏州、嘉定等地也出产水仙。

水仙花被称为"有生命的艺术品",水仙鳞茎的雕刻造型艺术,融雕刻、文学、艺术为一体,创造出的水仙艺术盆景,被世人誉为"无言的诗、立体的画"。

水仙球的外部形态和内部结构。水仙鳞茎的外形似球状,由鳞茎盘和肥厚的肉质鳞片组成。主球内有芽体,中心芽体是顶芽,顶芽两侧的芽体是侧芽,根着生在鳞茎盘上。如果剖开水仙球,能看到水仙的内部构造，有鳞茎盘、鳞片、叶片和花梗。

水仙的生长习性。水仙喜温暖、湿润、阳光充足，能耐半阴，不耐寒。适温为10—20 ℃，可耐0 ℃低温。水仙7—8月份落叶休眠，在休眠期，鳞茎的生长点部分进行花芽分体，具秋冬生长、早春开花、夏季休眠的生理特性，以疏松肥沃、土层深厚的冲积沙壤土为其最爱，pH5—pH7.5均宜生长。白天要将水仙花盆放置在阳光充足的向阳处，给予其充足的光照，这样才可以使水仙花叶片宽厚、挺拔、叶色鲜绿，花香扑鼻。反之，则叶片高瘦、疲软、叶色枯黄，甚至不开花。

2. 水仙的雕刻工具及应用

水仙雕刻工具有平口刀、斜口刀、圆口刀。平口刀、斜口刀用于剥鳞片、刻芽体，使用方法是刀刃向下，拇指与食指、中指捏住刀的背部，拇指在内侧，食指、中指在外侧，从左向右或由上至下做直线运动；圆口刀用于削叶缘、雕花梗，握刀方法是拇指与食指捏在两侧，刀柄靠在中指的第一关节呈握笔姿势，由后向前或由上至下做弧线运动。

3. 水仙的雕刻方法

水仙花的雕刻方法主要有笔架式、杯刻式、蟹爪式、背刻式和掏心式五种雕刻方法。

（1）笔架式雕刻：左手握球，右手持刀，在球顶1/3处横刻一圈，进刀深度为1—2层鳞片，在芽体的缝隙中用刀轻轻地直切几刀。

（2）杯刻式雕刻：从母鳞茎高度 3/5 处，横刻一条与根盘平行的圆周线，朝球端剥掉全部鳞片，切削叶片，刮花梗，用于花篮、银杯等造型。

（3）蟹爪式雕刻：清球，剥去前半个鳞茎球的鳞片，刻芽体，削叶缘，雕花梗。适用以观花和叶为主的水仙盆景造型，适宜禽类、鱼类、瀑布等造型。

（4）背刻式雕刻：雕刻方法同蟹爪式，不同之处是雕刻面较小（雕刻面控制在球体的 1/3 以内）。适用于观鳞茎面为主的水仙盆景，适宜大象、葫芦、青蛙等造型。

（5）掏心式雕刻：清球，由鳞茎上端进刀，掏出中间的鳞片、多余叶和芽体；刻芽体，削叶缘，雕花梗。适用于观鳞茎球为主的水仙盆景，适宜茶壶、仙翁等造型。

4. 水仙的水养方法

水仙盆景的培育需要清水浸养。最理想的水质是清洁的井水、泉水和雨水。用自来水培育，最好是将自来水存放在容器中 1—2 天后使用。水养水仙要勤换水，保持水质净洁明澈。如果浅水盆育，每天要换水一次；深水培育，可 2—3 天换水一次，如果气温较高，需要每天换水一次。要经常观察水色，发现浑浊应及时换水。

（1）温度和光照：水仙属于不耐寒的植物，喜欢向阳的生长环境，适宜温度为 10—20℃，降至 5℃以下，会出现生长缓慢、停滞，叶片失去光泽现象。气温超过 20℃，容易出现烂根现象。冬季当寒流袭击时，室内应开启空调，夜晚临窗放置的水仙可移至厅内。水仙在室内如果长期光照不足，会导致叶片徒长和黄叶现象，因此水仙应该摆放在阳台的明亮处。

（2）湿度控制：水仙和其他水培植物一样，喜欢较高的空气湿度，要求空气相对湿度在85%以上。若空气湿度不足，会出现叶片发黄甚至花朵萎蔫现象，因此可以用电子湿度计测量室内的湿度。如果室内比较干燥应该经常用喷壶向叶面喷水；也可以用薄膜覆盖进行保湿；空调启动时，水仙应远离空调摆放。

（3）浸泡与清洗：水仙雕刻后，一般需要放在清水中浸泡两天，浸泡时伤口朝下。浸泡一天以后，需要及时清洗与换水。清洗时，可以将水仙球放在流水中，洗净水仙伤口分泌出来的黏液。注意流水不能过激，否则会冲断部分受伤的叶与花苞。

（4）盆育：漂净的花球根盘上的根已经萌发，比较脆弱，既要防止暴晒和冷气侵袭，又要保证足够的水分，所以要用脱脂棉花盖住切口及根部，保温保湿，同时还要把棉花延伸至水中，达到护根和供水作用，每天换清水，3—4天后才能移至日照处。

（5）平卧水养：平卧水养是将水仙球伤口朝上仰置平放在容器中水养。如蟹爪水仙一般是雕刻面朝上平放水养，这是一种最常见的水养方式。

（6）直立水养：如"茶壶造型"，放置时可用鹅卵石或粗沙固定，注意适当控制水位的高度，花苞不宜浸水，壶体内不能存水，否则壶内的花苞与叶会出现腐烂现象。

（7）倒置水养：先采用平卧水养的方法，等伤口愈合后，逐步将水仙球伤口朝下，球体向上倒置在容器中水养。倒置水养要注意鳞茎盘与根部一定要用棉花或餐巾纸盖住，保持其在湿润的环境下正常生长。如，"大象"造型水仙需在水养过程中逐渐转体将鳞茎盘和根盘翻上顶点。倒置水养容易使根部干燥而坏死，花苞浸水而腐烂，因此花苞不能浸水，根须必须常常浇水。

（8）根的护理：水仙原来是土培植物，要将它驯化为水培植物，关键技术之一是水生根系的养成。水仙的根系洁白柔嫩，在换水时要特别小心，防止机械损伤或者断根现象，折断的根容易造成烂根。为了使根系正常呼吸，满足它对氧气的需求，不能将水仙所有的根系完全浸泡在水中，而要将一部分根系暴露在水层上面。

（9）烂根处理：水仙在水养过程中，有时会发生烂根现象。当观察到水仙根部有腐烂情况时，应剪掉烂根，并将根系和茎盘彻底清洗后浸泡在"多菌灵"杀菌消毒液中，十分钟后，将水仙晾干重新水养，并在开始几天每天换水。

（10）控制生长方向：水仙在水养过程中，可利用植物生长的向阳习性，控制它的生长方向，调整叶与花的姿态，以满足造型的要求。如"大象"造型，水养初期雕刻面朝上平放水养，当叶片、花朵卷曲后，逐步转为鳞茎根盘朝上倒置水养。具体水养的方式要依据造型的要求来确定。

（11）延长开花期：水仙花从雕刻到开花约45天，而从开第一朵花到最后一朵花凋谢，一般在2周左右。延长水仙花的花期，可采取在水中加少量食盐、尿素、矮壮素等；也可以采取晚上将水倒去的方法。采取这些方法能延长花期 2—5 天。

5. 水仙盆景设计

设计步骤：立意→构思→造型→命题。

立意是指水仙盆景的主题，即作品要表达什么，怎么表达。立意的构思可以从这几方面考虑：第一是作品用途，是送朋友生日、同学离别，还是庆贺亲戚团聚；第二是作品摆放位置，办公室、会议室、书房、卧室，还是盥洗室；第三是作品表达的情趣，是表现隆冬季节水仙的自然美，还是借花寓意。

构思是指根据立意的主题，选择合适体态的水仙和器皿进行表达。器皿可以将水仙的花、茎、叶、根组合于一瓶一盆之中，产生和谐的立体画面。

造型是指通过技术加工，把水仙变成具体的艺术形象。

命题是指对作品进行画龙点睛式的命名，提高作品的观赏价值，还可以传情达意，引发共鸣。创作时一般抓住动物、器皿和自然景观、小饰品的特征，运用概括和夸张的手法表达其形态和韵味。

6. 不同形状鳞茎球的造型

水仙球的球体形态各异，不同的形状可以塑造不同的盆景造型。如主球体两侧各有一个大小、形态相似的子球，侧芽无花苞，与主球的角度在 90 度左右，可造型为"花篮""螃蟹"等水仙盆景。"公鸡"造型则需要有两对对称的侧芽再加一个小子球，主球的顶芽将造型为背部羽毛和鸡尾；靠近主球内侧的一对侧芽，将塑造成鸡的翅膀;外侧的将造型为前背的羽毛。而"银蛇狂舞"造型的水仙球则要求有一对以上没有花莛的侧芽。"仙鹤"造型水仙盆景则要准备三个无花莛的侧芽和四个小侧芽。"孔雀"和"凤凰"造型则需要母鳞茎至少有五个花莛、两对侧芽和一个子球。"大象"造型水仙盆景可以选择有一大一小两个侧芽的水仙球,大的侧芽做大象头,中间芽体做象鼻,小侧芽做大象尾。"百岁仙翁"水仙盆景可选择20桩以上优质母鳞茎,无侧芽、鳞体瘦长、鳞面完整洁白的水仙球。"青蛙"造型需要有一对对称的小侧芽,小侧芽中无花莛,小侧芽与母鳞茎着生角度偏小。"桃李芬芳"造型要选择大小两个并生、矮胖型的优质水仙球,一个外状似桃子,一个外状似李子,不带侧芽;也可采用两球拼凑。

图 2-2 "花篮"造型水仙盆景

图 2-3 "大象"造型水仙盆景

图 2-4 "螃蟹"造型水仙盆景

图 2-5 "银蛇狂舞"造型水仙盆景

图 2-6 "仙鹤"造型水仙盆景　　图 2-7 "青蛙"造型水仙盆景

图 2-8 "百岁仙翁"造型水仙盆景　　图 2-9 "桃李芬芳"造型水仙盆景

7. 水仙盆景的命名

在教与学的过程中，学生在给水仙盆景命名时，经常会出现思维障碍，无法成功加以艺术性的命名。针对这一问题，我们尝试将水仙命名的方法归纳为三种：原生态造型命名、景物相结合的造型命名、虚实结合的造型命名。不同类型采取不同的教学策略，在教学实践中收到了较好的效果。

"原生态造型"的创作都来源于生活，也都可以在生活中找到原型。如"酒杯"造型的水仙，学生起初命名为"致富银杯""十里飘香"，这些名称往往缺乏新意。于是，教师鼓励学生打开思路，启发学生用心去挖掘身边的素材，如借鉴古诗词中的优美词句、流行歌曲中的经典歌词等，命名要别具一格、寓意深刻。一首李白的《月下独酌》，使学生获得灵感，他们选用树根作为底座，一侧摆放一个酒杯，酒杯上放置一个杯状的水仙，另一侧躺着半醉半醒的李白。杯中的水仙，叶色翠绿、花朵黄白、清香扑鼻；"月下独酌"这个充满诗情画意的名字和独具匠心的搭配将人们带入穿越时空的意境中，李白在月下独酌，边饮边歌边舞，抒发着胸中的豪情。景中有情、情中有景的意境由此得以呈现。

"景物结合造型"命名是指把水仙造型放在不同的容器或景物中，通过联想而确定名称的一种方式。如经过"引根"水养法的水仙造型，开花时将植株较矮而有长根的水仙球置于一定高度的"山峰"，在"山崖"上绿叶与鲜花竞秀，洁白根须顺"山石"下垂至盆面水中，远远望去，似"高山流水""苍山飞瀑"，又似"飞流直下三千尺"。以上三个名称都生动形象地描述了水仙造型的姿态，又巧妙地体现了祖国山河磅礴壮观的气势。使作品刚柔并济的艺术效果呈现出来。

所谓"虚实结合造型"就是指将分散在作品中的自然美汇集、提炼、概括出来，适度使用一些拟人或夸张的手法，来表达一种美好的愿望或是揭示一种深刻的寓意。此类作品较为抽象，要求学生拥有较丰富的艺术素养和表达能力，同时还需具有一定的创新能力。为了帮助学生创新，教师在课堂上要鼓励学生大胆设计，不拘泥于样品。曾有一位同学设计了一个用白色泡沫板做成的南极冰山，几只小企鹅（用水仙子球制成）无助地站在被融化的冰川（白色泡沫）上，它们正用惊奇的目光注视着"山顶"上清秀典雅的水仙花。当时有许多同学认为此作品很荒谬，但这个看似荒谬的作品其实是在呼吁人与自然的和谐相处。小作者原先命名其为"南极风光"，在点评的过程中，大家认为这个名称没有真正表达作者的意图，经过反复推敲，后更名为"企鹅的迷惑"。这一内涵独特的命名强烈地震撼了人们的心灵，带给人们的是深思与反省，该作品获2009年度上海"华林杯"水仙造型学生组一等奖。

三、探索与形成成果

在"探索与形成成果"活动环节中，通过让学生撰写水养日志、观察小报告、研究小论文等方式形成成果，同时鼓励学生在讨论交流过程中不断发现问题，修改自己的成果。

（1）水养日志 ［初一（1）班 第一小组］

我们设计的是花篮，采用蟹爪式雕刻，先在水中浸泡2天，洗去黏液后放在一个大脸盆里养，用棉花盖住水仙的伤口。

第3天发芽，之后慢慢长大，我们把它们放在太阳下晒，结果叶子焦了，我们立刻放回阴暗处。

3天后，水仙好像又变绿了，我们把它们分别移到白瓷盆和雪碧瓶中，发现水仙是用根吸取水分生长的，特别喜爱阳光，叶子向中心方向生长，卷起来了。

10天后，放在不同盆中的水仙长出了雪白的根，一个是圆形卷曲的，一个是笔直生长的，还长出几根杂乱的叶子，不知道是该切除还是保留？

20天后，水仙花的花梗拼命疯长，看着和我们的花篮造型不像了。我们把花梗弯折下来的时候折断了，很伤心。把花篮状水仙放在高脚杯中特别美，但是同伴说，高脚杯的脚太细了，会倒下来，还建议花展的时候可以用插花来代替折断的花苞。

常温下40天后，水仙开花了，散发出一股淡淡的清香。我们想如果每天开空调，水仙多少天开花？

通过水养日志，学生聚焦问题解决、创见、实验等高阶认知策略。在发现他人存在的问题的时候，也解决了自己的学习难点。如，刚刚雕刻好的水仙是不能放在太阳下晒的，切削花梗可以控制花梗的高度等。

（2）观察小报告：《切削花莛不同深度对花莛高度的影响》[初一（2）班　第二小组]

为了更好地了解水仙的矮化之谜，在老师的指导下，我们采用了做实验、列数据的方法，探索了前人没有发现的秘密，也培养了自己的科学素养。我们还做了《切削花莛不同深度对花莛高度的影响》的观察报告。

切削花莛不同深度对花莛高度的影响

花莛长（cm）编号 处理	CK	刮破表皮	刮去花莛 0.5 mm	刮去花莛 1 mm	刮去花莛 2 mm
1	13.7	12.2	9.8	7.6	5.2
2	18.3	13.5	11.2	5.4	5.8
3	16.5	12.8	10.6	5.5	5.4
4	18.3	14.5	15.4	8.8	7.2
5	20.4	16.6	12.7	8.6	6.1
6	19.2	9.8	9.3	8.0	6.7
7	16.6	14.0	13.3	11.7	8.3
8	21.4	13.5	11.5	9.6	7.5
9	13.3	12.0	9.8	7.7	5.4
平均长度（cm）	17.5	13.2	11.5	8.1	6.4
SCK 差	—	-4.3	-6.0	-9.4	-11.1
CK 百分比	—	75.4%	65.7%	46.3%	36.6%

通过实验，我们得出的结论是：花莛刮削的程度越深，它的弯曲度就越大。这个雕刻规律，老师让我们与全班同学分享。在后续的水仙造型制作中，同学们是如鱼得水，一件件有创意的作品像雨后春笋般地冒出来，这使我们很有成就感，同学们也越来越喜欢劳动课了。

四、评价与修订

劳动是人与社会、人与自然的互动过程，强调结果并且加以评价是在探讨劳动对人类生活和工作的影响。劳动能使学生学会生活、学会生存、学会交往、学会发展，劳动使人身心健康，通过劳动实践活动学生有了热爱劳动的思想、吃苦耐劳的精神和对工作的责任心。劳动素养评价体系应当与新中考背景下普遍实行的学生综合素质评价体系相一致、相融合。

我们在劳动素养评价中，坚持以发展较高的劳动素养为导向，探索学习过程和学习结果相结合的评价方式，既关注学生劳动参与情况，也关注学生在劳动实践中的实际表现，还关注学生的劳动观念、劳动能力、劳动习惯和劳动品质、劳动精神等劳动素养的发展状况。让教、学、评三者有机统一，让劳动课程彰显育人价值。在本课程教学中曾遇到这样的难点：水仙从雕刻、水养、造型，整个过程长达40—50天，而水仙雕刻后的许多养护操作需回家进行，由于教师无法监控到学生作品养护每个阶段知识点的掌握和运用情况，学生容易产生畏惧和懈怠情绪。对于问题的探究是否落实，在探究的背后是否生成新的问题，关系到每一个学生心智自由转换的过程。因此我们必须学会放手，激发学生的内驱力，由主导者转变为学习的设计者和支持者，让学生真实地去学习，从而达到育人的目的。除了提出驱动性问题，教师还可通过让学生撰写水养日志等方式形成成果，同时鼓励学生在讨论交流的过程中不断发现问题，修正自己的成果。如，通过讨论一篇"花篮"造型盆景水养日志，可以发现水仙养护过程中很多同学遇到的共性问题，这也证实了项目化学习，需要一个长时段来保证学生对于核心知识的讨论和思考，以及为什么要在大情景、大任务下进行我们的课堂学习和社会实践，让我们的学生对我们的课堂发展和项目化学习有一个整体的认识，而且知道在什么时候、什么情境中去运用这些知识和技能。让他们用高阶思维引领低阶思维。

于是，我们尝试将课堂教学与探究学习、课外活动进行整合，构建一种开放式的项目化学习环境，让学生自主设计水养活动方案，教师还可为他们提供水仙培育场地（创新实验室）和技术手段（一定花卉养护知识），学生每天对水仙雕刻作品进行观察，并记好养护日记，教师及时解决养护中遇见的种种问题。就水仙雕刻造型的成果评价而言，教学实践中基于激励性、阶段性、过程性原则，采用了自评、互评、师评相结合的多元评价方法，为不同层次的学生构建不同的展示平台，使学生不断获得成功的体验，发现学习和实践的快乐。

1. 评价表的设计

教师将学生分成五个项目小组，分别选择他们最感兴趣的活动进行深入研究，运用网络搜索、学习支架、采访等方式研究水仙促控技术；同时，在小组内分享工具使用，雕刻、造型技术等学习成果；对个人初步成果提出评论意见；教师进入项目小组，根据学生初步成果提出修改建议，引导学生用评价量表分析各自的成果；组成项目小组，形成探索问题解决的路径和初步成果；项目小组接受教师同伴或外部专家的建议与评价，也对他人的成果进行评价。

探究性实践重点探查的是学生在项目化学习过程中的探究程度，探究性实践中包含的很多维度都可以发展出相应的评价量规。表 2-1 就是根据探究性实践中的计划、实施，以及收集分析水仙相关信息和解释数据的过程发展出的评价表。

表 2-1　收集分析水仙相关信息和解释数据评价表

评价标准	得分				
	1	2	3	4	5
在规定的时间里，我们充分地研究了水仙雕刻与造型这个主题					
我们的研究步骤是很清晰的					
我们和我们的伙伴共同探讨制定了水仙雕刻→养护→造型研究方案					
我们能运用多种方式方法（网络、实地调研等）查找信息					
我们现在的研究成果是基于多种信息来源的					
我们通过采访相关人员获得了一手信息					
我们对所搜集的信息的可靠性进行了筛选					

审美性实践的评价量规重点考查学生在项目化学习过程中，对不同类型的项目化学习成果和报告内容所进行的艺术性的思考。良好的审美性实践需要学生从艺术性和适切性角度对项目化学习成果和最终的报告予以综合考虑。表 2-2 是根据审美性实践中的视觉艺术所发展出的评价量规表。

表 2-2　审美性实践中的视觉艺术所发展出的评价量规表

评价标准	得分				
	1	2	3	4	5
我们能运用多种方法美化我们的水仙作品					
我们在造型过程中所选择的材料和工具是与众不同的、特别凸显主题的					
作品的雕刻与造型方法巧妙，有艺术感染力					
作品符合色彩搭配的原则					
作品最终呈现的效果是很引人注目的					

对项目化学习总成果的评价量规设计，一般包含两个方面：对项目化学习成果本身进行评价量规的设计，对项目化学习成果的公开报告方式进行评价量规的设计。下面呈现的是一个分析性的成果评价量规表，是关于促控技术的，学生将雕刻造型作为学习评价对象，评价表中包含标准和检查要点，在创作的过程中也可以用这些表来进行自测。这些评价表对于同学的互评和自评都是十分有用的，他们也会用这些评价表来深入分析，老师也会使用这些评价表来对最后的作品做出相应的评估。

表 2-3 "水仙雕刻与造型"项目化学习成果评价量规表

评价标准	得 分				
	1	2	3	4	5
握刀方法正确					
雕刻面的选择正确					
能运用数学空间概念相对定位水仙具体切削位置，剥鳞片时，切面平整且不能伤到花苞					
刻芽体时，叶缘切削的线条要流畅，且不能超过叶缘宽度的 1/2					
具有一定的方向感，能按照造型要求雕花梗，且知道相关的促控技术					

项目化学习中的评价是多元丰富的。项目化学习的评价指向学习目标，项目化学习中列出的知识网络、认知策略和实践有很多，但并不一定都要进行评价。核心知识、主要的高阶认知策略、重要的学习实践，是需要在过程性和总结性评价过程中体现出来的。通

过评价和修正，最终，可以参展的作品形成了。

五、公开成果

项目化学习最终的成果是要公开的，只要让学生有机会用口头或书面等形式向公众报告自己的实践过程，就可以创建一个公开的成果展，并且不需要花费太多的时间。比如，2022年本校举办的杨浦区水仙花成果展，邀请了市、区教研员和区教育学院领导共同参与，得到了相当的好评，让学生有了仪式感、获得感和成就感。

图 2-10　喜上眉梢　　　　　图 2-11　云河

六、反思与迁移

水仙雕刻造型项目化学习本身应是一种艺术创作活动，它源于自然和生活，但又应高于自然和生活，它通过对自然和生活中美的元素的聚合、提炼，通过对水仙姿态美和色彩美的文学表达，抒发作者内心深处的情感和艺术理想。通过跨学科学习，强化学科的贯通，让学生在跨学科的互动和整合中学习知识和解决问题，实现学科之间的统整，有效发展学生的核心素养。

  在反思活动过程中，每个学生都分享了类似情境中迁移的事例，如花卉、蔬菜养殖技巧的触类旁通等，让学生真正地成为心智自由的学习者，同时也在孩子们的人生中留下一个个出彩的故事。

第三章　项目化学习二：百变香袋

香袋，有着鲜明的中华文化特征和民族色彩，是一种反映民族特质和风貌的文化结晶。它涉及美学、历史和生活技艺等多个领域，有着锻炼技术、修身养性、陶冶情操等多种价值和功能。"百变香袋"的项目化学习，让学生通过各种针法、绣法、造型艺术的技能及中药知识的学习与迁移，体验中国传统文化、陶冶情操。

第一节　背景与导入

香袋制作是初中劳动课的一项重要教学内容，由于它取材方便，和学生生活紧密相连，教学载体丰富多彩，深受广大师生的欢迎。如何利用基础教育课程内容的特点和布艺作品艺术欣赏的特点，把以单一传授手缝技术的课程与中华优秀传统文化相融合，力求通过对我国古老的布艺文化的教学，传播中华优秀传统文化的精髓，增强学生对中华优秀传统文化的理解和感悟，强化学生对传统文化的认同感，培养学生的文化素养、艺术素养和创新精神，陶冶学生的情操，值得每一位教育工作者思考和探索。

背景："百变香袋"是一种传统的手工艺制作技术，在中国历史上已有上千年的历史。最初是皇帝和贵族使用的一种香囊,后来逐渐普及于大众,成为一种民间传统手工艺品。香袋可以携带香料、药材,用来装饰生活,它的形状也各不相同,变化多端。

由于学生实际生活中很少接触传统文化,这样的一堂课就非常重要。六年级的《劳动》教材中,安排了两个单元的篇幅,让学生学习制作布艺作品。制作的作品主要有笔袋、布老虎玩具、餐巾、旅游包、香袋。由于不少学校没有缝纫机设备,像旅游包之类的复杂作品教室内无法制作。再加上经费和课时的限制,不少教师在指导学生制作笔袋、香袋时,只能全班学生制作同一尺寸、统一款式,学生的创新能力无法得到充分的培养,不利于传承优秀民族文化。

针对此类实际问题,我们开展了香袋项目化学习的实践探究,尝试以提高学生对中华优秀传统文化的理解为切入点,着眼于学生核心素养提升,构建项目化学习的高效课堂。具体探讨在劳动技术课程中如何融合渗透传统文化教育,通过项目化学习,让学生体会和感悟香袋的美感与意境,提高欣赏品位,感受其中表达的情感和思想,提高学生对中华优秀传统文化的认同度,培养学生作为中华民族一员的归属感和自豪感;再通过手缝技术的学习,将这种情感多样化地糅合到作品中。

导入:开展"百变香袋"项目化学习,可以从以下几个方面进行导入。

(1)问题导入法。通过问题导入法,可以让学生思考有关香袋制作的问题，引起他们的兴趣和探究欲望。例如："你们知道如何制作香袋吗？制作香袋有哪些步骤？香袋的材料有哪些？如何制作出有特色的香袋呢？"

（2）故事导入法。通过讲述与香袋相关的故事，让学生更加深入地了解香袋的历史、文化和用途，从而更好地探究香袋制作的方法和意义。

（3）图像导入法。通过使用图片、短片等资源，让学生感受香袋的形态、色彩和纹理，了解香袋的种类和特点，从而为香袋制作的探究和实践打下基础。

（4）游戏导入法。通过设计有关香袋制作的游戏或活动，让学生轻松愉快地了解香袋制作的相关知识和技能，增强他们的参与感和体验感。

（5）实践导入法。在引导学生学习相关理论知识的同时，可以通过实际操作和试制，让学生参与其中，掌握香袋制作的技能和过程，提高他们的学习热情和自信心。

第二节　项目与实施

每逢端午，同学们会在手腕上系五彩线，戴上漂亮的香包，与父母一同去踏青，或是戴着自己喜爱的香包和小伙伴们一起展示、玩耍。本项目整合劳动、艺术、数学、语文、中药学科的重要概念，让学生通过搜集、调查、访谈、咨询等手段获取知识，并通过信息处理及分析的方式形成基本概念。与此同时，学生使用各类技能，开展协作式、探究式学习。在制作香袋的同时，学习中国传统文化知识，掌握技能，从香袋的历史背景、形状、针法、香料成分、图案诠释的视角开展项目化学习，体验其文化内涵和历史厚重感。

本项目活动时间为四周，核心知识包括：在劳动学科中了解布料的特点与用途，学会运用多学科知识设计不同造型的香袋，能选择不同针法与材料；在语文学科中了解传统端午习俗文化；在数学学科中了解香袋图形设计方法及部件尺寸计算；在艺术学科中学会运用造型、形式、形状等知识，欣赏和评价布艺作品；在中药学科中了解香袋里的中药成分及功效。

一、入项活动

为了让学生在本项目学习前对香袋有更多更深的了解，我们组织学生开展了"走进图书馆、文化博物馆和城隍庙"活动。通过走进图书馆博览群书，使学生逐步理解女红作品的内涵，了解布艺的形态结构、色彩对比和相互衬托等知识；而通过参观博物馆传统艺术展，唤醒其民族精神，领略民族艺术魅力，让他们打开眼界；城隍庙里的布艺作品，以其奇幻多变的色彩，明暗闪烁的光泽，立体凹凸的图案，雅俗共赏的风格，获得学生的青睐。组织学生参加这些社会实践活动，不仅可以让他们了解中国璀璨的传统文化及人文故事，而且可以在香袋作品的设计制作过程中，引入传统文化、艺术知识，对学生进行爱国主义和民族文化的教育。在游览的过程中，教师积极充当导游，精选一些具有传统文化特色的香袋装饰图案介绍给学生，如香袋上的老虎和"五毒"（蝎子、蛇、蜈蚣、壁虎、蟾蜍）图案，是用以避邪镇恶的；花卉、虫鸟图案，表达了祈盼吉祥，趋吉避凶的美好愿望。

参观完毕，师生进入了搜集资料和设计问题阶段。运用认知策略进行分析，可以提升项目化学习的质量。在"百变相袋"项目化学习中，师生通过运用高阶认知策略，对项目化设计进行了改进。

第一次设计：

驱动性问题：什么是香袋？香袋的设计和制作流程是怎样的？

围绕这个问题，请学生自由选择完成如下几个任务。（1）写一篇关于香袋的通讯稿，写清香袋的特点和功能，并附上香袋特写照；（2）根据资料，用思维导图的形式说明制作香袋的工具、材料、方法和针法；（3）采访4—5个同学，设计一张制作香袋的草图、展开图和裁剪图。

认知策略分析：很明显在这一次的设计中，虽然学生看上去完成了很多活动，但这些活动基本上都停留在收集现有香袋资料，然后将材料用图片、思维导图、表格的方式展现出来的层面。驱动性问题本身属低阶认知的范畴，只需要简单搜寻信息就可以解决。这一次的项目化学习局限在细小的技能上，主要的目的是训练学生掌握知识与技能。

第二次设计：

驱动性问题：那些千姿百态的香袋是怎么变出来的？

第三章　项目化学习二：百变香袋

任务与结果：从多个渠道收集资料并用表格整理香袋的款式、面料、加工工艺等。哪些是基础型的？哪些是升级版的？围绕驱动性问题完成任务。（1）玩一个拆香袋的游戏，每个小组拆三个香袋，并尝试画一下展开图。（2）用鼻子去闻一闻香料的味道，用语言描述一下香料的作用和它们的成分。（3）请将拆开的香袋还原，并创造出一种与所拆解的香袋不一样的香袋。

认知策略分析：这个驱动性问题，来自学生，是学生上了第一课后自己提出来的问题，学生对这个问题很有兴趣并展开了热烈的讨论。这个驱动性问题要求他们进行推理和解释，而不是简单地在任务和结果中搜寻信息，该项目化学习运用了多种高阶认知策略。第一种是调研，调研中，学生需要知道收集香袋哪些方面的信息，如何甄别不同信息的价值，到哪里去收集信息并且在何时何地利用它们。此外，要将这些信息用直观的方式呈现出来，与他人讨论，设想相关的场景，并发展其适切性。第二种是问题解决，教师有意让学生玩玩拆一拆的游戏，旨在帮助学生寻找到核心知识，但是有些学生只会拆不会还原，就需要探查原因，纠正错误，发现问题，提出新的解决方案。第三种是实验，学生要对观察的现象提出解释并进行检验，如草图设计是否合理，尺寸是否正确等。第四种是创见，要求学生产生新的知识，并运用关于香袋设计的知识。创造性的香袋制作要求具有想象力。除此之外，还运用了系统分析和决策。从百变香袋这个项目中可以发现，认知策略在项目化学习中是被综合运用的。

二、知识与能力建构

高质量的问题解决过程和成果离不开学生对核心知识与能力的习得，项目的推进过程就是学生知识与能力建构的过程。如果只是展示学生现有的知识与能力，意义是有限的，应当让学生都参与进来，发挥想象力和动手能力，在已有知识的基础上，构建新的知识体系。学生不再依赖老师的讲解，而是自己去体会项目化学习中的核心知识。在此阶段，包含着一系列学习实践活动，主要是探究性学习实践，其中最核心的内容就是建立关于香袋的知识间的联系，让学生获得设计制作一个香袋所必需的知识和技能。项目化学习不排斥教师必要的讲授，操作示范等多种方式都可包含其中，劳动学科中的相关概念都可以通过纸笔测试等方式予以巩固。

1. 香袋的历史

香袋又称荷包、香囊，是古代中华妇女创造的一种民间刺绣工艺品。香袋是用彩色丝线在彩绸上绣制出各种古老神奇的图案、纹饰，缝制成形状各异、大小不等的小绣囊，内装多种浓烈芳香的中草药细末。香末的主要原料是雄黄、艾叶等。香袋造型甚多，有粽子形、鸡心形、桃子形、石榴形等。对于佩戴香袋，不少人认为它是端午节的传统习俗之一，其实早在2000多年前的周代，古人就有佩戴香袋的习俗。在马王堆汉墓出土的一批随葬品中，香袋赫然在列。追溯香袋的起源，早在先秦时代，就有女子用多种颜色的线制成饰物戴在头上；到了南北朝时期，它发展为香袋；到了唐代，出现了装有香料的香袋。

2. 香袋的布料选择

以前香袋的制作,大都采用做衣服剩下来的零头布,现在都采用比较好的布料。当然主要的选择在于布料的质感,真丝、亚麻、织锦缎或优质棉布都可以用来做香袋,特别是优质棉布,质地细腻,装进去的东西不易从里面跑出来,也不容易变质。如用化纤布料做香袋,时间长了怕装在里面的香末跟化纤长时间接触、渗透,发生变质。表 3-1 是关于常见布料的特性与用途。

表 3-1 常见布料的特性与用途

材料	优点	缺点	用途
棉布	透气性强、柔软舒适、对皮肤无刺激、无静电	易缩水、易皱、耐光性差、耐碱不耐酸、易褪色	内衣、衬衫、T恤
麻布	透气性好、吸湿、导热、坚韧、不易产生静电	易褶皱、缩水,弹性差,外观较为粗糙生硬,染色能力和耐酸性差	常与棉混纺,用于休闲服饰中
牛仔布	质地紧密、厚实,弹力好,织纹清晰	色牢度低、容易掉色、颜色不多	牛仔裤、牛仔褂、牛仔背心、牛仔裙等
织锦缎	花纹精致、色彩绚丽,质地紧密厚实、手感柔滑细腻、悬垂性好,不会毛糙	价格昂贵,牢度较差,容易抽丝	用作旗袍、香袋制作面料
真丝	质地柔软光滑、轻盈,吸水性强,花色丰富多彩	稳定性差,易生褶皱,不够结实、不耐光,需要护理和保养	用作夏令衬衫、睡衣、礼服及头巾等

续表

材料	优点	缺点	用途
涤纶	高强度、高弹性，耐热力好、可塑性强，不易褶皱、变形、缩水，色牢度好	吸湿性和透气性欠佳，染色性差，易起球、产生静电	外套、裤装、夹克、T恤
不织布	防潮、透气、柔韧、质轻，可循环使用，可随意剪裁，无需锁边	强度和耐久性差，不能清洗	可以用来制作小布偶或小饰品
拉绒	手感松软，保暖性好，吸湿性强	透气性差，容易掉毛，不易清洁	适用于保暖服装及装饰

3. 香袋的香料配方

香袋的内容物几经变化，从吸汗的蚌粉、辟虫的雄黄粉，发展成各色香料。

（1）驱虫香袋。中药香袋其实是源自"衣冠疗法"，也就是民间常说的"戴个香草袋，不怕五虫害"，它实际上是用来防瘟疫的，也可防止蚊虫叮咬。因而香袋里经常会放芳香类中草药，比如苍术、白芷、菖蒲、川芎等，这些中草药有很强的挥发性，苍蝇、蚊虫惧怕这种挥发性芳香味，因此能起到驱蚊、避害作用。

（2）防流感香袋。防流感香袋内有桑叶、金银花、黄芩等。也有自制中药香袋内的中药材为：藿香、艾叶、肉桂、苍术、金银花、紫苏、冰片、薄荷等，功效为芳香、避秽、解毒。人手1个（5—7克/个），挂在前胸，晚上睡觉时放置枕边，每周更换一次。

（3）解春困的香袋。解春困香袋有三种配方，第一种是冰片、樟脑各3克，良姜15克，桂皮30克；第二种是川芎、白芷各10克，苍术20克，冰片3克；第三种是山柰、雄黄各10克，樟脑3克，丁香50克。任选一种配方，将药物磨成细粉，取3—5克，用布缝制成小袋佩挂于颈上，15天换一次即可。

（4）预防手足口病的中药香袋。预防手足口病的中药香袋配方是藿香、艾叶、肉桂、山柰等量，磨碎，包成4克/袋，半个月至1个月换一包，每天佩戴，晚上睡觉放枕边。

4. 不同形状香袋制作方法实例介绍

成年人为了防病健身，一般喜欢戴梅花、菊花、桃子、苹果、荷花、娃娃骑鱼、娃娃抱公鸡、双莲并蒂等形状的，象征着鸟语花香、万事如意、夫妻恩爱、家庭和睦。小孩喜欢的是飞禽走兽类的，如虎、豹子等。面对款式如此多样的香袋，学生作为一位布艺初学者，教师要为学生搭建学习支架，从基础性的心形、三角形、球形等形状的香袋入手，结合数学学科图形设计方法，帮助学生找到核心知识。

（1）同色拼接心形香袋。裁剪一块8厘米×16厘米的布片，对折布片，缝合其中一条边，翻转过来，折合成三角形，缝合线在中央。线由里面穿出，缝上珠子和流苏。填塞香粉和填充物，不能太满。将毛边向内翻，用缝针缝合一边的口，注意不要缝得太稀，否则抽紧后不会有褶子。将两个尖角缝合抽拉至中心处，半个心便成形了。继续缝合另一半，方法同上。

（2）粽子形香袋。裁剪一块8厘米×16厘米的长方形布片，将布料对折并正面相叠，用回针缝合两边；翻转布袋，用镊子整理四角，使之成型。装上腈纶棉和香粉；将其中未缝合的一条边撑开再对折；折边对齐，使用暗藏针缝合，将如意结放在角上；最后用金色的丝线将粽子香袋的腰捆绑两圈，一个漂亮应节的粽子香袋就完成了。

（3）立体三角形香袋。布料反面朝外对折，从缝头1厘米处起针；将布袋翻过来使正面朝外，将留口处向内折进去，得到一个正方形的布袋；将开口竖拉，得到一个立体三角形；填塞中草药填充物；整理四个角，缝合开口和吊绳，作品完成。

（4）束口袋式香袋。裁剪一块长20厘米宽10厘米左右的布片，一面最好有花纹或刺绣图案；将布片反面对折缝好两边，留一边不缝；采用束口袋的缝制方法缝制香袋；装填充物，香袋完成。

（5）柿子形香袋。首先制作柿子的"主体"，将布料做成一个球形。裁剪一块圆形布料，尺寸不宜过大，边缘用缝针缝合一圈并抽拉；将棉花和草药填充圆形球体中收口、抽紧以后打结，注意结打得大一些；再把叶子缝到柿子主体上；然后把珠子和绳子都固定在柿子上面，一个柿子香袋就完成了。

5. 制作香袋的常用针法

"缝针""回针""缲针""三角针""锁针""套针"等针法都可以用来缝制香袋，根据不同的制作工艺选择不同的针法。如"缝针"常用于布片的临时固定，"缲针"常用于布贴的固定，"锁针"常用于布片的正面缝制，花卉、锁链形状的装饰可用"套针"，"回针"可用于布片的固定或装饰小图案。通过制作实践，教师可尝试让学生自行归纳其特点，并且与刺绣、丝带绣等进行比较，使学生对于香袋造型有整体的认知和把握，并且能够付诸操作实践，逐步领悟作品之中丰富的艺术语言，培养学生的高阶思维。

三、探索与形成成果

教师指导学生根据自己需求设计香袋，同时引导学生从香袋材料、外形、功能、缝制针法、装饰、填充物、配件七方面考虑搜集相关资料，并进行资料整合。

学生根据需求、喜好、能力分组，形成设计方案，在此基础上尝试制作一款香袋，并形成书面或口头报告，并初步解释这样设计的理由。在材料的选择上，教师可引导学生选择，并说说这些材料的优缺点。这显然和以前发放统一规格和尺寸布料的传统课堂有了不同。学生根据实际需求，综合考虑各种材料的优缺点来自主选择制作香袋的材料；也可以通过触摸布料、浸水实验、燃烧实验来感知各种布料的特性。至于缝制工艺，可让学生在家长的带领下去小商品市场实地考察，或是就自己身边的香袋拆一拆进行观察分析，最后确定制作方法。学生通过搜集资料，了解了香袋的功能、外形、材料等，经过分析、综合、讨论，对搜集信息进行处理后，形成了构思方案（表3-2为其中一种）。教师要组织学生使用六类高阶认知策略，有序地进行讨论和质疑，从而不断完善自己的设计，使作品优化。

表 3-2　鸡心香袋构思方案

1. 香袋形状	鸡心形
2. 香袋布料	织锦缎、棉
3. 缝制针法	回针、缝针
4. 填充物	腈纶棉
5. 功能	防蚊虫叮咬
6. 装饰	线绣
7. 配件	中国结、流苏、珠子

设计与表达是劳动学科要培养的重要能力之一，教学过程中，教师结合教材中香袋构思方案，从各方面进行分析、取舍、决策，引导学生学会香袋草图（见图3-1）、展开图的绘制方法。通过交流方案，发现问题，改进构思方案。通过设计、探究与创新的过程，

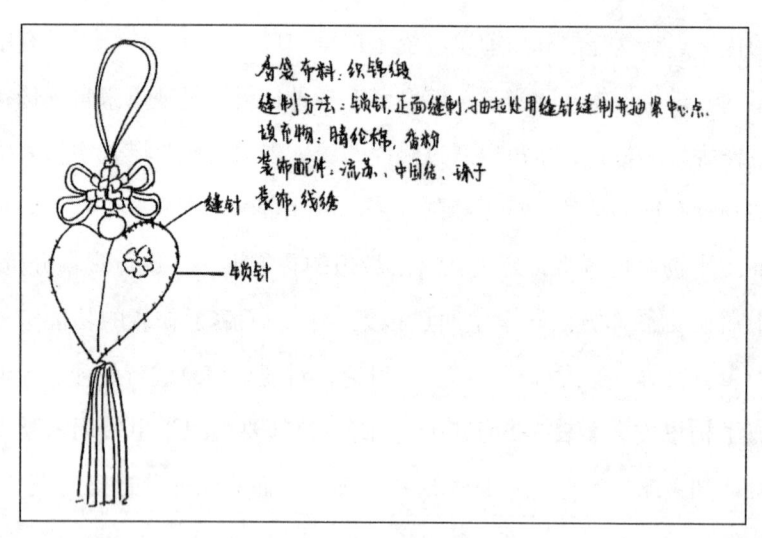

图 3-1　学生设计的香袋草图

学生提高了技术问题的解决能力，培养了科学设计的意识与方法。

在"百变香袋"项目化学习过程中，学生经历了多种有意义的实践。探究性实践几乎在所有项目化学习中都会被用到，学生经过对知识的连接、抽象，再次回到真实的世界，产生迁移。这意味着学生至少要经历几个阶段，在真实世界中观察与调查，提出问题，与以往所学的缝纫知识建立联系，运用推理、批判性思考和模型进行设计，形成相关的模型解释并进行验证，讨论这种模型解释设计的适切性，进行修订完善（见表3-3）。

表3-3　香袋探究性实践的组成及其表现

探究性实践	项目化学习中的表现
提出问题	提出自己想要知道的问题（香袋的结构和功能） 发现自己所要解决的问题（如何设计等） 澄清自己想要解决的问题
建立 知识体系	阅读相关的背景知识（香袋的历史、制作配方，工艺流程等） 联系相关的概念原理或规则（各种针法，展开图、裁剪图绘制方法等） 使用和发展模型（草图、展开图、裁剪图） 分析因果或互动关系
设计和实施 研究	设计调查方案（访谈、问卷、实地考察等） 寻找多样的信息和数据获取渠道 与同伴和教师讨论设计的可行性 在多样的情境中收集和分析综合信息
分析和解释 数据	运用多种信息来源采集数据 整理数据并揭示数据的内在联系 将数据可视化 解释数据的意义 基于数据进行预测

续表

探究性实践	项目化学习中的表现
运用数学和计算思维	在多样的情境中进行计算、测量、预测,并进行数据评估 运用计算机、实验室工具等辅助手段进行数据分析
发展解释和设计方案	提供对概念和情境的合理解释 设计可行的解决方案 解决方案中考虑情境、成本、可行性等限制条件
基于证据的评论	基于证据的比较,分析各种解释或方案 用探究过程中收集的证据有说服力地表达见解 根据收集的数据为解释方案进行辩护

四、评价与修订

劳动学科的评价既要关注学生技术知识与技能的学习和操作的结果,更要关注他们在技术学习过程中的评价,注重学生全方位发展,重视个性的形成。从评价内容、评价手段及评价的行为主体等各方面进行多元化、发展性评价,从而促进学生不断反思,不断完善修正自己的学习行为,使评价真正起到激励学生学习、促进学生个性发展的作用。在评价过程中,教师请学生整理笔记,形成成果量规。要求笔记中有:香袋款式、香料配方、设计草图等,小组内分享并对他人作品进行评价。在小组讨论的过程中,学生应善于听取他人的意见,收集每一种有特点的设想,然后通过较全面的讨论与分析,选出切合自己实际的设想,修改作品的草图,如图 3-1。香袋材料不仅要考虑材料的性能是否满足要求,还要考虑当时有哪些材料可供选择等。通过全班对该香袋草图的讨论,发现该学生使用的面料是织锦缎,缝制方法采用的是正面缝制,显然,该同学对织锦缎的材料特性不了解，一般采用正面缝制的都是"不织布"，因为不织布是没有毛边的；此外"织锦缎"布料本身的色彩就很丰富，在织锦缎上刺绣就有画蛇添足之感；装饰配件除了中国结和流苏以外，还可以用挂绳、凤尾结、平安扣等代替，后期草图改进方案如图 3-2。

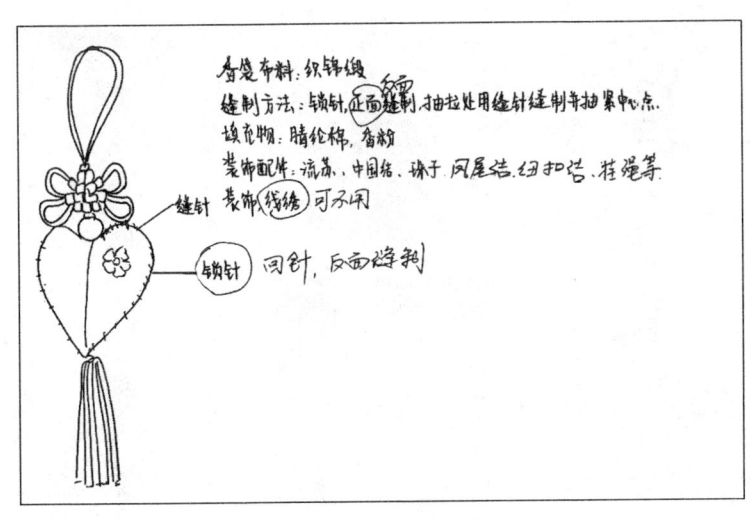

图 3-2　学生设计的香袋草图改进方案

五、公开成果

下文是此次成果公开活动的记述。

闻香识端午，巧手缝香袋
——记"浓情端午，传承文化"香袋制作展示活动

端午节，是中华民族隆重、盛大的古老传统节日之一，它凝结着中华民族的精神和情感，承载着中华民族的文化血脉和思想精

图 3-3　"闻香识端午，巧手缝香袋"活动中的学生作品（部分）

华，成为中华民族爱国精神的重要源泉之一和世界文化遗产的重要组成部分。

端午节作为一个传统节日，有很多流传已久的习俗，如：赛龙舟、吃粽子、喝雄黄酒、佩香袋、悬挂艾草。其中，最富于静态美和温馨气息的，莫过于制作和佩戴香袋了。

为了践行"学科育人"理念，结合"百变香袋"项目化学习进程，我们开展了以"浓情端午，传承文化"为主题的香袋制作展示活动。

在教师指导、小组互助、家长协同下，端午节前夕，一个个针脚平整、玲珑可爱的香袋就做好了。做好的香袋，可以挂在脖子上，也可以佩戴在腰间，还可以作为礼物送给长辈和小朋友。香袋在散发芬芳的同时，也不失于为一件别致的装饰品。"戴个香草袋，不怕五虫害"，长辈们告诉我们在春夏之交邪气开始抬头的时候，古人就有用中药制成香袋拴在孩子们的衣襟上驱邪解毒的传统，寄托人们对美好生活的祝愿。

"浓情端午，传承文化"的香袋制作展示活动，不仅能让学生在"百变香袋"项目化学习中获得的学习成果得到展示和交流，还让学生感受到端午节传统文化的内涵，增强民族文化认同感。

项目化学习成果类型有很多，为了便于设计，我们将其划分为两大类，主要强调"做和表现"的制作表现类成果和主要强调"说和写"的解释说明类成果。两类成果可以同时产生，共同指向核心问题的解决和核心知识的深度理解，也可以单独产生。本项目属于制作表现类成果。考察项目化学习成果的设计质量，主要聚焦在这几方面：是否反映了对概念的深度理解？是否指向目标中的高阶认知策略？是否回答了驱动性问题？是否包含个体和团体两方面成果的设计？此外，考察一个成果还可以参考的选择性指标有：是否同时兼顾制作表现？任何解释说明类的成果是否在成果中考虑了不同的实践类型？是否包含了尽可能多样的人前来参加公开成果展？

在对项目化学习成果进行评价时，分析性的量规设计虽然清晰，但每一个评价维度都要分成若干个点，这就会涉及很多表格，对时间和精力的要求就比较高。而如果用整合性的评价量规就可以将评价成果与成果相关的报告和社会性实践、探究性实践等相关的内容都整合在一张表上，比较方便（见表3-4）。

表3-4 "百变香袋"项目化学习成果的整合性评价量规

标　　准	评价与反馈
"香袋"相关背景知识的掌握度（20%）	完全掌握"香袋"主题的相关知识和引发这一现象的各种原因
最终成果的设计（产品、日志等）（40%）	同时呈现多种不同观点，包含所有必要的观点分析；进行了良好的造型设计；有香袋设计草图或大纲设计要素；设计要素在主题上与不同的观点相吻合；总体的设计成果结构适切，富有艺术表现力
教育价值（20%）	所呈现的信息能够让参观者体验到多元视角，所呈现的计划能够引发对这一主题的深入理解
影响力（10%）	呈现的计划也适用于类似的公开场合，能够吸引更多对这一项目的关注；报告者与听众进行了眼神交流，并且直接地富有学识地回答了问题，报告运用了多媒体及其他可视化的方法来增强报告效果
总体成效（10%）	这个报告总的来说是令人信服的，让人印象深刻

六、反思与迁移

学生通过一段时间的探究，对香袋有关的驱动性问题进行深入持续的探索，形成对核心知识的深刻理解，能够在新情境中运用。学生探究出运用数学几何制图方法设计制作香袋草图。先从两块8厘米×16厘米的长方形布片切入，将中国结和流苏置于中心位置，便是正方形香袋；若放在对角线处可呈菱形；对折再拉伸可以加工成心形；选用两块不同颜色的正方形布料，相互拼接，缝合互相垂直的两条边，便可以加工成双色心形，还可以制作双心香袋；等等。学生瞬间被这种万花筒般的变化方式所深深吸引，好奇心和兴趣不仅被极大地激发出来，而且也开始尝试探究各种香袋变化方式，在比较中找出差异，在分析中找到变化的原因和方法；在一次次尝试中，渐渐地体悟到香袋制作变化的一般特点和规律。在这个过程中，学生的思维从不流畅到流畅，作品形式从简单到复杂，整个过程不仅训练了学生的手工技能，更加深了他们的思维深度。

图 3-4　单心香袋　　图 3-5　双色相拼心形香袋　　图 3-6　双心香袋

劳动课程的项目化学习是以劳动教育为引导、以技术教育为主干、以实际项目为载体、以探究学习方法为基点的学科新体系。"百变香袋"的项目化学习，拓宽了布艺知识的外延，加深了布艺文化的内涵，从布艺材料与工具入手，学习缝针、回针、缲针、三角针、锁针的缝制方法，然后再学习数种典型布艺作品设计与制作方法。通过图文并茂的作品欣赏，让学生体会和感悟中国布艺文化的美感与意境，感受其表达的情感和思想。学生不仅能够了解香袋的历史渊源、实用价值和文化价值，还能够通过对手工作品的鉴赏，

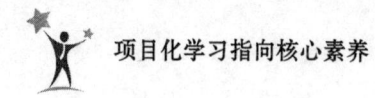

针法等技术方法的综合运用等，提升审美能力和思维深度。让学生在了解、学习中华优秀传统文化的同时增强民族自尊心、自信心和自豪感，在学习中培养严谨细致的学习态度、不断创新的进取精神、丰富高雅的艺术素养。

第四章　项目化学习三：走进木工世界

《木工工艺》这一单元主要通过了解木材的种类及其特性和用途，增加学生对日常生活的关注和热爱。通过对木工工具的介绍，感受中国传统工匠的智慧。木工家具是每家每户生活的必需物件，因此，这一课程学习，可以让学生了解木工的材质、工具、技术手段等方方面面，感受中国传统木工工艺的魅力，以及中国的木文化的历史发展，提高审美情趣，引发学生的情感共鸣。通过跨学科项目化学习，巧设问题情境，进一步激发学生对中国传统木工工艺的兴趣，产生动手设计和实践的愿望，为培养大批的能工巧匠及其工匠精神奠定基础。

第一节　背景与导入

"木工"是指建造房屋的木结构或木器制造的工艺，以及做这种工作的技术工人。木工也指对木材进行锯、刨、凿、钻、磨等加工的一种工种。木工是一门独有的工艺技术，也是常用的建筑技术。当今社会"木工"职业应用领域广泛，比如船舶领域、房屋建设领域、美化景观建设以及现在最常见的装饰装潢领域等。

背景：

学生对身边的木制品比较了解，家具又是每家必不可少的物件，因此针对木制家具的介绍和欣赏会引起学生的共鸣和深入探究的兴趣。但是学生又缺乏对木制品背后历史文化的了解，对中国传统木工工艺知之甚少，因此通过欣赏也能潜移默化地感染学生，激发学生对中国传统木工工艺的关注和研究。

（1）文化背景。木工是一种古老的手工艺，在家庭和工厂之外，很多古老的建筑和文化艺术作品都离不开木工制作技艺，它有着悠久的历史和丰富的文化内涵。如中国的木质建筑和家具文化、北欧的原木家居艺术、非洲的手工雕刻艺术等。

（2）社会背景。当前社会对实用性、个性化、低碳环保等新型消费需求的增强，使对木工工艺品的需求也日益增加。此外，中学阶段的学生正处于生涯规划的关键期，具备可挖掘的手工制作、设计等的潜力。

（3）教学目标。中学《木工工艺》的教学目标是使学生具有良好的造型和手工制作能力，能够运用简单的加工工具，设计和制作木制家具模型，也能运用基本的电动工具，对木材进行切削、钻孔、造型加工等技术操作；同时能培养其环保意识、工作积极性和职业素养。

木工单元也是初中劳动学科重要的教学内容，分为三个部分五课时，第一部分是走进木工世界（一课时），第二部分是木制品欣赏（两课时），第三部分是木质作品的设计与制作（三课时）。

第四章 项目化学习三：走进木工世界

导入：

"走进木工世界"项目化学习活动，旨在帮助学生深度理解核心概念，经历真实情境的活动，从中领悟项目化学习开展的策略。

（1）点燃学生的兴趣。通过展示一些木工制品的图片、视频等，激发学生的兴趣和好奇心，引导他们对木工工艺的认知和理解。

（2）普及木工工艺的一些基本知识。通过简单的介绍，讲解木材的特性、各种木工工具的作用和使用方法，以及木工工艺中的基本概念等。

（3）给学生展示制成品。通过展示一些具有代表性的木工制品，如木质文具、木质家具、木质工艺品等，让学生直观地感受和认识这些木制品的特点和美感。

（4）制作简单的木工制品。通过让学生动手制作一些简单的木工制品，如木制笔筒、木质花架等，让学生在实践中掌握基本的木工工艺技能。配合教学视频或实物演示，帮助学生更好地理解制作过程。

（5）多形式的互动交流。通过班级小组讨论、学生互相展示作品等多种形式，让学生分享经验和体验，不断深化对木工工艺的理解和感悟。同时，教师也可以通过这种方式不断了解学生的学习状态和需求，及时调整教学方法和策略。教学过程引领学生体会木工工艺之美，理解木工制品承载的人文内涵。

第二节　项目与实施

家，是一个诱人的字眼，一种温暖的联想。家具，是用具，也是一种表达方式，家具的搭配不仅能使空间别具一格，还能见证家庭的喜怒哀乐，向人们讲述家的故事。"走进木工世界"项目化学习让学生开启时空之旅，了解中国家具演变史，了解家具种类、用途及制作家具材质的特性，领悟中国传统木艺文化之精髓和木制工艺的人文内涵。

"走进木工世界"项目涉及劳动、语文、数学、艺术、历史、生物六门学科。语文学科中的核心知识是了解木制家具在不同年代的文字表达方式；涉及艺术学科的核心知识是能欣赏和评价不同年代和地区的木制作品；涉及生物学科的核心知识是了解树种的分类、不同树木的特性。

一、入项活动

组织学生参观上海木文化博物馆、家博会，领略中国匠人的精湛技艺；同时指导学生搜集有关家具发展史、木材特性及用途等相关资料。通过问题引发学生对概念的思考和探索。项目化学习所关注的核心知识意味着设计者要提出本质问题，而本质问题有时候比较抽象和庞大，特定年龄段的学生难以接受，所以应将其转化为驱动性问题，能更好地激发学生投入。学科的本质问题反映了一个学科的关键探寻，指向学科中的大概念。本项目中的本质问题是"木制家具的款式、材质和发展史",而在教师集体备课过程中,教师考虑到学生的了解程度和挑战难度,结合学生的特点和经验进行转化,找到学生感兴趣的情境,于是设计了"让我们开启木工世界时空之旅,看看不同年代家具长什么样?都是用什么木料加工而成的?"这样的驱动性问题让学生有足够的代入感,同时又是开放性的、不确定的。一个好的驱动性问题可以将具体内容问题提升为更本质的问题,同时在本质问题和学生经验之间建立起联系。

二、知识与能力建构

学生通过研究中国家具发展史,归纳每个朝代家具的名称、材质及特点,从而知道自己想要探究什么样的核心知识;记下每一个朝代代表性的家具名称及特点,探讨家具的款式和当时的气候、文化、经济、习俗的关系;根据讨论的内容在教师引导下发现木制家具的特点;讨论如何通过不同类型工作推进项目实施,并设计头脑风暴和学习内容。

1. 木制家具演变史

中国传统家具的历史源远流长,其产生可上溯到远古时代。远古时期生产力低下,人们都席地而坐,后来出现了叫"几"的木家具。"几"分为"曲几"和"直几"。《孟子》一书中就有"隐几而卧"的记载。

根据史书记载,春秋战国时期,木业制作已有斧、锯、凿、铲等工具,度量也有规范。生产上,"燕尾榫""槽口榫""插肩榫"结构已广泛应用于家具。战国时期出现了床，这种床比较矮，周围有栏杆，有床足、床框，还有床抽屉，这种床一直沿用到汉朝。那时候，床上放"几"或者"案"，进食、写字、读书、游戏都在床上进行，其功能就像今天北方的炕。

两汉时期，木制家具种类发展到床、案、屏、柜、箱、衣架等。但是，由于那时的习惯是席地而坐，所以家具一般都比较矮。汉朝的案多置于床前榻后，案幅也渐大渐宽。这个时期，各民族、各宗派间的文化艺术交流，使各民族家具在形态、功能上互相渗透、吸收。汉朝还从少数民族那里传入胡床，就是以木柱交叉，床面用绳索连接，可以伸缩，连接方式极似今天的马扎小凳，当时的胡床又名榻，多为宫廷和贵族使用。

其后，一直到近现代，千百年来，中国木家具不断发展。

20世纪80年代，在借鉴各国不同的家具风格和先进生产技术的同时，中国家具不断发掘传统技艺，结合自己的国情民俗，逐渐形成一代代新的家具。

2. 了解各种木材的特性和用途

学生以小组为单位，采用查阅书刊、上网、访问博物馆、走访建材市场等多种方式，初步对木制家具信息进行搜集、筛选和处理，建立与之前所学"木艺"知识的关联；同时，学生通过目测法、手摸法、闻气味法、密度测试、仪器测试等方法体会不同木料的特征、材质与用途。

第四章 项目化学习三：走进木工世界

表 4-1 各种木材的特性和用途

名称	特 性	用 途
水曲柳	材质特别坚韧，切面特别光滑，纹理也特别清晰，还有好看的光泽，具有很好的耐磨性能以及耐湿性，油漆及胶粘性能也比较好，缺点是不具抗腐能力，容易出现腐烂变质、翘裂及变形的现象	具有良好的装饰性能，是目前家具、室内装饰用得较多的木材
紫檀	材质坚硬而重、纹理斜、结构粗，木材有光泽、加工难、切削面光滑、耐久性强	制作仿古家具、工艺品、钢琴
樟木	在我国江南各省都有，台湾、福建盛产，树径较大、材幅宽、花纹美，尤其是有着浓烈的香味，可使诸虫远避	我国的樟木箱名扬中外，其中有衣箱、躺箱（朝服箱）、顶箱柜等诸品种。旧木器行内将樟木依形态分为数种，如红樟、虎皮樟、黄樟、花梨樟、豆瓣樟、白樟、船板樟等
花梨木	材质坚硬、纹理斜、色彩鲜艳、结构中等、不易干燥、切削面光滑、耐腐朽	用于高级家具、薄木雕刻
柳桉	其材质轻重适中，纹理直或斜而交错，结构略粗，易于加工，胶接性能良好。干燥过程中稍有翘曲和开裂现象	柳桉一般为门窗、家具、车辆等的良材
白桦	其材质略重而硬、结构细致、力学强度大、富有弹性。干燥过程中易发生翘曲及干裂，胶接性能好，切削面光滑。耐腐性较差，油漆性能良好	可供一般建筑及制作器具用
杨木	我国北方常用的木材，"小叶杨"质细软，价廉易得，常有缎子般的光泽，故亦称"缎杨"，常有"骚味"	主要用于加工业用材，杨树是胶合板、纤维板、造纸火柴、卫生筷和包装业的重要加工原料。常用作榆木家具的附料和大漆家具的胎骨在古家具上使用

87

续表

名称	特性	用途
核桃楸	其木材有光泽、纹理直或斜、结构略粗，干燥速度慢，但不易翘曲，木材韧性好、易加工，切削面光滑，弯曲、胶接性能良好，钉着力强	广泛应用于军工、建筑、家具、居室装修、船舰、木模、车辆装修及运动器材等方面，尤其是在风琴、钢琴、小提琴等乐器制造中作为主要选材
柞木	色泽呈浅杏黄色，使用一段时间之后就会变成褐红色。木纹独特，纹理清晰美观，易起包浆。材质坚硬、沉重，具有中等抗弯曲强度及刚性，具有极好的抗蒸汽弯曲性能，柞木家具有天然原木清香，能够消除人体疲劳，舒缓压力	装饰木地板
……	……	……

在知识与能力建构阶段，教师设计了历史调研策略，即为过去的情境创设一个穿越时空的场景，这一情境没有统一的解释和顺序，如家中祖传的老物件，到底是什么年代的产物，有什么特质，经历过哪些变化……这些需要调查和考证。

三、探索与形成成果

该项目化课程是一门综合型劳动课程，综合了科学、数学、艺术与工程等学科，集合了锉刀、锯子等工具，结合了锯切、打孔、修磨、粘接、榫卯等工艺。学校开辟了一间木工专用教室，里面不仅配置了各种适合中学生使用的木工机床和各种工具，同时安装置物架、储物柜，就连桌子也是专用的学生木工桌，学生不仅在劳动课上可以制作各种木质工艺品,在每周两节的固定拓展课期间,也可以在木工教室里大显身手,并结合一系列"走进木工世界"的主题活动,把木作融入更多学习生活中。该项目从简单的工具入手到复杂的榫卯结构,活动范围从校内到校外,图纸设计从平面到立体,学生经历了从模仿到创作的过程。这种创新模式让学生不仅能学习到基本的木工技术,还可以培养创造力、审美力。根据此项目主题,学生通过已有知识、技能储备,制订切实可行的项目活动计划。教师提出了一些要求:学生从家具演变历史探究的角度写一篇叙事性日志;项目小组选择家中的老物件或电影中的家具摆设进行特征描述,材质分析、物件朝代推测,并在项目小组内分享;项目小组根据每个朝代家具的特征进行讨论,教师进入项目小组内,根据家具的特征和相关重要概念提出项目计划修改建议。教师适当提供一些学习支架,对于动手能力较强的学生,可以根据自己的喜好设计制作一些木艺作品,引导学生一起讨论方案,不断修整作品。探索的过程培养了学生严格谨慎的学习态度,让学生真正感悟工匠精神,从而促进其综合素养的提升。

  这一阶段,学生运用了问题解决、决策、实验、调研、系统分析等认知策略,经历了探究性实践、技术性实践、社会性实践等多种实践。如,在技术性实践过程中,学生除了能运用传统的木工工具以外,还能够使用信息化的工具和思维类的工具进行项目化学习(表4-2)。

表 4-2 技术性实践的组成及其表现

技术性实践	"走进木工世界"项目化学习中的表现
技术操作	安全使用各类木工工具（手工锯、锉刀、C字夹、角尺、榔头等），设备（电脑、3D打印机、小型切割机、打磨机、钻孔机等） 了解相关材料的使用性能和经济成本，对选择的材料进行实验和创造性制造
图表运用	会使用思维导图、草图、展开图、组织图、数据表等可视化的思维工具
技术交流	能应用软件、设备、图表等多种技术方法与他人交流沟通

四、评价与修订

学生从各自不同的家庭背景出发，撰写了日志，从家具形态、材质、演变史等方面介绍了自己熟悉的家具的故事。教师引入本地木工达人等相关人员来帮助学生了解中国家具发展演变史，并根据学生撰写的日志提出修订建议。个体和项目小组根据意见修订自己的成果，形成最终可以参加成果展的作品。在讨论学生研究日志的过程中，发现有些学生把红木、红松、香樟木、杉木混为一谈，特别是红松的颜色和红木比较接近，于是教师运用问题解决、决策、实验、调研等认知策略，对这四种木材再次进行分析与辨别。在实验过程中，学生发现红木久露空气后变紫红褐色，纹理交错，结构致密，材质硬重、细腻，有浓厚的辛香气。这类独具特色的辛香气，淳厚悠长，沁人肺腑，令人过鼻难忘，也是行家鉴别诸多仿冒木料的重要凭证。学生们尝试用实验的方法了解了木材的品种，修订了自己的日志。

五、公开成果

"艺术节"是全校性的特色主题活动，教师借助艺术节活动进行公开的成果展。每个班级围绕一个朝代的木工作品做介绍，同时讲讲这个朝代的文化、经济特色。介绍内容可以是 PPT、日志、木工设计图或模型，与全校同学一起分享。教师请学生就演讲的要求进行头脑风暴，时间在 2—3 分钟，要求声音响亮，与听众有眼神交流，演讲内容清楚明白，介绍的家具作品需吸引人的眼球。最后家长、教师、同学等投票选出最佳表演奖、最佳作品奖。以下是在"走进木工世界"项目化学习中学生的部分公开成果。

说说我家的老家具

我的家住在青浦古镇，爷爷是一位美发达人，收藏着一款清代红木剃头凳，虽然已是破旧不堪，但是它见证了清代的美发行业。剃头凳其形类似小条凳，但凳腿间有三个抽屉，最上一个通常都用小锁头锁着，是用来放钱的，钱是从凳面上开的小长方孔里塞进去的。第二层和第三层抽屉用来放置理发的剃刀、梳子、围布等工具。爷爷说剃头行业在过去属于下九流，排行第五，剃头师傅的地位非常低微，剃完头后不能跟顾客主动要钱，而是让顾客主动赏钱，钱的多少要看顾客的满意程度与心情，顾客把钱直接从剃头凳面的小长方孔内塞进去，打开抽屉，才能看到一天的收入。通过这个凳子，让我体会到了"一个家具一段历史"的含义，心中感慨万千。（晓昊）

妈妈的梳妆台故事

妈妈有款古色古香的梳妆台，据说是太爷爷传下来的，明晚期黄花梨木雕折叠式镜台，俗称"拍子式"，是由宋代流行的镜架演变而成。镜台分上下两层，上层为支撑铜镜的背板，下层为底箱，内设黄花梨木抽屉两层三具，铁力木底板，用来存放梳妆用品。镜台上层背板与其后支架相互配合，可以调整背板角度，以利于铜镜使用。木质整体来看颜色较深，纹理瑰丽。由于古人蓄发，出门入门都要梳妆，因此有条件的男人和女人都要有梳妆台，有时出门还得带着它。但宫廷、民间的梳妆台是有不同档次的。在先秦时期它并不是人人能用之物，只有达官显贵才有，它是身份和地位的象征。到了后来，南北朝时期，梳妆台已走进寻常百姓人家。女子每天静坐在典雅的梳妆台旁，轻轻地梳理头发。梳妆台上摆放着各式各样雕刻精美的镜子和梳妆匣，里面装满了各式头饰和基本的梳妆工具，如木梳、金钗、簪子等。这些物品也是古代女子对大宅之外繁复世界的情感寄托。在男尊女卑面前，她们小心翼翼地将对未来的美好期望连同梳子、发饰等都盛放于梳妆盒内。不言而喻，梳妆台是卧室里最具旖旎风光的也是最能寄托遐思的。从明至清中期，梳妆台这一品类渐少，但梳妆匣或镜台已有较多使用，它们大多依附于其他大件家具。

项目化学习让我深深感受到古代一款梳妆台就像一首老歌，在每一个流动的音符中都蕴含着深深的韵味。一款美轮美奂的梳妆台，不仅有助于提升卧室的格调，也为古代女性的生活带来了一份难得的轻松与浪漫。

"当窗理云鬓，对镜贴花黄""爱美之心人皆有之"，不管是古人还是现代人，梳妆台都是家居装饰中最富魅力的一种陈设。虽然现代家庭的居住环境、生活方式等各方面日益呈现出多元化趋势，人们的审美取向也发生了变化，但一款梳妆台所承载的情感将永远值得回味。（晓煊）

家里的老物件

爷爷家有张老床——罗汉床，是清末民初的七屏风式"罗汉床"。正面有较高的围子，高到令人难堪的局面。床体没有复杂的雕刻，简单流畅的线条承载了它的沉稳与古朴。爷爷说小时候他常常在床上看书，慵懒时便小憩一番。据史书记载，中国古代家具中卧具形式有四种，即榻、罗汉床、架子床、拔步床。后两种只作为卧具，供睡眠之用；而前两种除睡眠外，还兼有坐具功能。中国古人睡觉有大睡和小睡两种，大睡就是晚上正式的睡眠，小睡指午休等小憩，榻和罗汉床用于小睡，也可以用来待客；而架子床和拔步床用于大睡，不能用来待客。据历史资料推测，罗汉床的名字可能与明代的弥勒榻有关。弥勒榻是大型坐具，短不能卧；而罗汉床也是坐的功能大于卧的功能。隋唐以前古人的生活习惯是席地坐，虽宋以后演变为垂足坐，但盘腿打坐的习惯一直保留着。弥勒榻、罗汉床都是为适应国人旧俗而保留的家具品种。

另一说"罗汉床"是原来汉榻的演变，是明清宫廷"宝座"的前身，小的称为榻，如现代的"沙发"。爷爷家的这张床到现在依然牢固，虽然外表已经不是那么光鲜，但它已然悄悄融入我们的生活。平日邀三两好友，谈天说地，喝茶望月，听风赏雨，最是惬意。（晓琴）

对项目化学习总成果的评价量规设计，一般包含两个方面：对项目化学习成果本身进行评价量规的设计，对项目化学习成果的公开报告进行评价量规的设计。下面呈现的是一个来自"走进木工世界"项目的解释说明类的项目化学习成果的整合性评价量规表。

表4-3 项目化学习成果整合性评价量规表（解释说明类）

标准	评价与反馈
报告深度（50%）	全面覆盖并精心选择核心内容 能够提供超出原有文本的内容 直接指向驱动性问题的解答 所引用的材料或证据有质量保证
与听众的互动（20%）	在真实情境中引发听众参与 能够让听众投入地参与其中
团队合作（15%）	呈现出团队合作的证据 所有的团队成员都参与汇报过程
报告的表现性（15%）	富有创意，表现独特 运用多种形式的媒体

六、反思与迁移

教学过程中，我们还要注意到项目化学习中学生的这种思维方式，是不是可以再迁移到其他的情境当中去。学生不可能通过一次实践就能形成迁移，需要在类似的情境中进行复盘、再思考、再建构等，再次和同伴分享我们到底是怎么解决这一问题的，通过这一系列的过程来达到我们所说的提升素养导向下的项目化学习目的。所以简单一点讲，提升素养视角下的项目化学习是学生在一段时间内通过对真实的、有挑战性的问题进行持续探究，达到对核心知识的再建构和思维迁移。

无论是对教师，还是对学生，指向创造性问题解决的项目化学习都提出了非常高的要求。对教师来说，需要跳出原先的教育"舒适区"，转换教与学的视角，最大程度给予学生支持；对学生来说，需要调动所有知识、能力、品质等，对驱动性问题进行深入持续的探索，形成对核心知识和学习历程的深刻理解，才能够在新情境中得到迁移。

如后期学生通过"走进木工世界"这个项目化活动，又探究到一些新的知识，如"舟和船的区别"等。舟是小而轻飘的船，所以唐代诗人韦应物有"野渡无人舟自横"的诗句。而船是较大的舟。不过，通常我们也可称"舟"为"小船"，而不大称"船"为"大舟"。通过网上搜索，我们还发现舸是大船，舢是小船，艚是货船，舰是军舰，艇是轻便的船，舫是华美的游船，舴艋是古代小船，艨艟是古代大型的战船等。这又结合了经济、军事、文化等方面的知识。

这种不依常规、寻求变异的教学方法，以及对某一事物多方寻求答案的思维训练，使学生学会从新的角度去认识事物，运用新的方法反映事物，培养学生的知识扩展能力、审美情趣和艺术鉴赏能

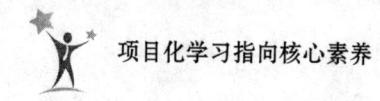

力。该项目化学习成功地将手工木作与科学、技术、工程、艺术、数学等内容相结合,力求将知识蕴含于情境化的任务中,不过于关注学科界限,将重心放在问题上,强调利用多种学科相互关联的知识解决问题,跨越学科界限,从多学科应用的角度提高学生解决问题的能力。在这个过程中,孩子们去体察人心,去了解特点,去探寻生活,甚至去树立自己的职业理想,去建立创造和改变世界的雄心。

第五章　项目化学习四：菜饭制作

菜饭是一道著名的传统主食，菜饭一经面世就受到了食客的青睐，成为一款老少皆宜的吃食。该项目化学习活动让学生先去超市寻找各种各样的米，通过观察、触摸，了解大米、小米、黑米、糯米等各种米的区别；随后请学生积极争当小主播，给大家讲解大米是怎么来的；然后和大家一起讨论关于米的各种美食的烹饪方法，特别是药膳的选材与制作。通过学习，学生不仅学到了关于米的知识，还当上了小主播、美食家、烹饪大师，感悟到了中国传统文化的精髓，培养学生从小树立爱粮、惜粮、节粮的意识，让"立德树人"的德育目标得以更好地实现。

第一节　背景与导入

随着社会经济的发展，人们对健康饮食的要求越来越高，如何健康饮食，是青少年必须掌握的生活常识之一。同时，对于一个家庭来说，日常做饭既是一种生活技能，也是一种情感体验，能够增进家庭温馨氛围，提升亲子感情。

在"菜饭制作"教学中，我们应着力于培养学生的制作技能，提高学生的生活自理能力，强化节约、健康理念。

背景： 劳动是人间最亮丽的风景线，幸福的生活需要靠劳动来创造。劳动教育能发挥劳动的育人功能，对学生进行热爱劳动、热爱劳动人民的教育活动。劳动学科项目化学习注重对学生的劳动观念的培育和劳动技能的训练，充分挖掘和发挥线上平台功能，不断变革教学形式，拓展教学内容，创新教学方法，让线上学习生机盎然，让居家生活充满温暖。

"厨艺大比拼"活动让宅家生活变得有滋有味。以劳树德、以劳增智、以劳强体、以劳育美、以劳创新，生活就是最好的课堂，项目化学习之"厨艺小达人"课例开发，不仅让学生感受到了父母的辛苦，还培养了学生崇尚劳动的价值观。活动采用小组合作的形式，鼓励学生通过互联网、走访、观看电视节目等多种渠道了解食材的营养价值、烹饪方法，提高学生的实践能力、表达能力，与他人合作、交流的能力。

导入： 在腾讯会议视频课中，看到学生家长烹饪海鲜菜饭，海派风味十足，让大家看了口水直流，也产生了疑惑：为什么同是米饭，烹饪的结果会有这么大的差异呢？基于这样的疑惑，学校项目化学习实践小组的老师们展开讨论，从开展菜饭厨艺大比拼的角度设计了此次项目学习的初步研究方案。

（1）激发学生兴趣。通过与学生交流，了解他们对饮食制作的感兴趣程度；展示一些美食图片或视频等，激发学生的兴趣。

（2）介绍菜饭制作方面的基本知识。讲解关于菜饭制作中常用的调料、做饭的技巧和注意事项等方面的基本知识。

（3）选择菜谱和食材。让学生们自主选择适合自己口味的菜单和食材,这样可以激励学生的主动性和创造力,也可以锻炼学生的实践能力。

(4)制作实践。教师手把手地指导学生进行菜饭制作的实践,同时强调食品卫生、安全及饮食的健康、营养。

(5)品尝和总结。在菜饭制作完毕后,进行品尝和评价,并总结制作过程中的技巧及改进方式,这样有利于学生从中归纳出有效的制作方法,并且为下次实践积累经验。

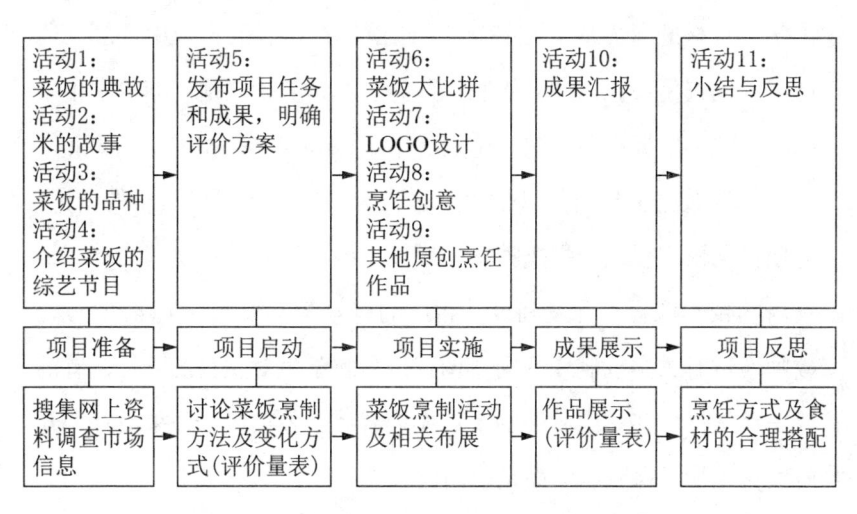

活动1: 菜饭的典故 活动2: 米的故事 活动3: 菜饭的品种 活动4: 介绍菜饭的综艺节目	活动5: 发布项目任务和成果,明确评价方案	活动6: 菜饭大比拼 活动7: LOGO设计 活动8: 烹饪创意 活动9: 其他原创烹饪作品	活动10: 成果汇报	活动11: 小结与反思
项目准备	项目启动	项目实施	成果展示	项目反思
搜集网上资料调查市场信息	讨论菜饭烹制方法及变化方式(评价量表)	菜饭烹制活动及相关布展	作品展示(评价量表)	烹饪方式及食材的合理搭配

图5-1 "菜饭制作"项目化学习活动时间线

第二节 项目与实施

初中生"菜饭制作"项目化学习,我们通过三个阶段(准备阶段、执行阶段、总结阶段)和六个环节(入项活动、知识与能力建构、探索与形成成果、评价与修订、公开成果、反思与迁移）实施。

通过这个项目，可以增强学生的实践能力和合作意识，培养他们的食品安全意识和健康意识，提高他们的烹饪技能和食材搭配能力。

一、入项活动

"菜饭制作"项目时长为 4 周，涉及的学科及核心知识主要有劳动（食材的选择、清洗与切配；菜饭的制作流程、烹饪技能）、营养学（营养与健康的关系、营养改善措施）、艺术（色彩搭配）、化学（食材的营养成分与转化）。此项目在六、七年级中开展，通过问卷调查手段，以"菜饭制作"为主题，有计划地在本校学生中广泛了解，掌握在劳动教育中发展学生核心素养的相关信息，并在大量掌握数据、材料的基础上，进行分析综合，得出科学的结论，为项目化研究提供数据支持，并用以指导今后的教育实践活动，开发新的校本课程，开发和设计相应的有效教学模式、策略和方法。教师通过有关主食制作的问卷调查，了解学生对主食的喜好，有的放矢地选择一些学生喜爱的主食作为载体，如菜饭、芒果饭等，开展项目化学习探究。下面是前期调查表。

项目化学习"主食制作"问卷调查表

亲爱的同学：

为了了解学生的饮食习惯现状，探索在主食制作项目化学习中培育学生核心素养的方法和途径，特开展此项调查。本调查问卷面向我校初中的同学，为无记名调查，答案无对错之分，不会影响被调查者的学习和生活。

请根据你的实际情况,在每题的备选答案中选择一个答案(如没有特别说明,每题只选一个答案),如遇到未列出适合你情况和想法的项目,请在该题的"其他"选项处填写你的想法和建议。希望你能认真填写问卷,衷心感谢你的支持与合作!

你的基本情况:

你就读的班级:＿＿＿＿＿＿ 年级＿＿＿＿＿＿

你来自(　　　) 　A. 城市　　B. 农村

1. 你喜欢烹饪吗?(　　　)

 A. 喜欢　　B. 一般　　C. 不喜欢

2. 你认为学校安排的主食烹饪课内容有趣吗?(　　　)

 A. 有趣　　B. 一般　　C. 不太有趣

3. 你最喜欢的主食是什么?(多选题)(　　　)

 A. 米饭　　B. 饺子　　C. 鸡蛋饼　　D. 其他

4. 课时的原因,你对于劳动课上未能全部完成的学习任务或作品是如何安排的?(　　　)

 A. 课后或回家后自己继续学习、制作,直至完成

 B. 等待下一次劳动课上老师的安排

 C. 感到劳动学科是小学科,课后不用再花时间去学习

 D. 劳动课就是玩,下了课就忘记

5. 你对学校组织的项目化学习和作品比赛的态度？(　　　)

   A. 积极参与，兴趣浓厚

   B. 听从老师的安排，不是十分积极

   C. 尽量想办法逃避

   D. 我只做我感兴趣的东西，比如：_____

6. 你具有下列哪项烹饪才能？(多选题)(　　　)

   A. 做菜饭　　B. 包饺子　　C. 煎鸡蛋饼　　D. 蒸馒头

   E. 煮馄饨　　F. 其他_____

7. 如果有机会你愿意学习下列哪种手艺？(多选题)(　　　)

   A. 做菜饭　　B. 煎饼　　C. 煮面条　　D. 蒸馒头

   E. 包饺子　　F. 其他_____

8. 你愿意通过哪种途径进行烹饪学习？(　　　)

   A. 劳动课和兴趣课　　　　B. 上专门培训班

   C. 在其他课程中　　　　　D. 与朋友交流或自学

9. 你认为个人的核心素养应包括哪些？(多选题)(　　　)

   A. 人文底蕴　　B. 科学精神　　C. 健康生活

   D. 责任担当　　E. 学会学习　　F. 创新实践

10. 列举社会活动时餐桌上的浪费现象(　　　)

    A. 过量点餐

    B. 剩菜不打包

    C. 点菜不看口味，最后不合味就不吃

11. 你对制作菜饭的质量方面有哪些要求？（　　　　）

　　A. 食物能吃就行

　　B. 食物讲究色、香、味俱全

　　C. 食物有一定营养价值，且有故事性

　　D. 根据不同的食材提出不同的要求

12. 当你欣赏或制作一种主食时，会从哪几个方面去观察和思考？(多选题)（　　　　）

　　A. 食物的营养　　　　　B. 食物的口味

　　C. 食物的美观　　　　　D. 其他＿＿＿＿＿＿＿

13. 你觉得学校劳动课程所学知识与技能是否有助于提升自己的核心素养？（　　　　）

　　A. 很有帮助　　　　　　B. 有一点帮助

　　C. 完全没有帮助　　　　D. 说不清

14. 主食的品种有哪些？你喜欢哪些主食？烹饪工具有哪些？
＿＿＿＿＿＿＿＿＿＿＿＿＿＿＿＿＿＿＿＿＿＿＿＿＿＿＿＿＿

15. 请讲讲稻米的种植史和杂交水稻种植的故事。＿＿＿＿＿＿＿
＿＿＿＿＿＿＿＿＿＿＿＿＿＿＿＿＿＿＿＿＿＿＿＿＿＿＿＿＿
＿＿＿＿＿＿＿＿＿＿＿＿＿＿＿＿＿＿＿＿＿＿＿＿＿＿＿＿＿
＿＿＿＿＿＿＿＿＿＿＿＿＿＿＿＿＿＿＿＿＿＿＿＿＿＿＿＿＿

　　通过分析学生调查问卷相关信息，了解到学生对主食制作的内容很感兴趣，乐于参与实践，但平时自己动手的机会不多，所以动手能力相对较弱,自理能力不强,对各种工具或电器的规范操作和安全使用还是模糊的、不完整的。鉴于以上情况,教师站在学生的角度,从学生的口味出发,决定上一堂"菜饭制作"的项目化课程,其驱动性问题为"为什么不同地域菜饭做法有这么大差异?"学生们需要经历对家用调味料的量化配比,了解中国的菜系,探究形成地区性口味的人文环境因素,预设菜饭风味食材。学生在了解、观察不同菜系数据和设计宣传方案后深入体会到求同存异的重要性,明白要尊重各个地区、民族的饮食传统和特色。教师在"晓黑板"发布小组预习活动,让小组长在云端课堂中用表格的形式"说说菜饭那些事"(如表5-1)。

表5-1 说说菜饭那些事

主食名称	菜 饭	
相关典故	菜饭是中国民间特色食品,有的地方叫"咸饭",有的地方叫"咸碎饭",有的地方又因为使用海鲜叫"海鲜饭"。这种烹饪方式,都是在劳动人民"靠山吃山,靠水吃水"、勤俭节约的习惯下产生的。立夏这天,江南还有食用蚕豆饭的习俗	
"米"的故事	(1)米的由来;(2)稻谷种植史;(3)中国杂交水稻之父袁隆平的故事;(4)"米"的种类;(5)有关"米"的诗歌	
菜饭品种	上海菜饭	福建菜饭
食材名称	主料:大米、蔬菜、咸肉(香肠) 配料:盐、味精、食用油、猪油	主料:大米、蔬菜、海鲜、瘦肉 配料:盐、食用油、蚝油、姜、老酒
烹饪工具	电饭煲(锅具)、砧板、刀具等	炒锅、砧板、刀具等

续表

主食名称	菜　　饭	
菜饭品种	上海菜饭	福建菜饭
制作方法	土灶烧法、电饭锅烧法	炒　饭
营养价值	米饭主要成分是碳水化合物，能够给身体提供能量；青菜富含维生素和纤维素；咸肉中含有丰富的蛋白质和无机盐。不过，腌制食品中的食盐和亚硝酸盐含量较高，不宜多吃，尤其是老年人、心脑血管患者以及肥胖人群	猪肉具有补肾养血、滋阴润燥等功效。海鲜富含优质蛋白、丰富的矿物质、多种脂溶性维生素和抗氧化物。胡萝卜富含维生素。胡萝卜和香菇具有防癌等功效
传统文化中的劳动	1.［唐］李绅《悯农》说"锄禾日当午，汗滴禾下土。谁知盘中餐，粒粒皆辛苦。" 2.［宋］辛弃疾《西江月·夜行黄沙道中》有"稻花香里说丰年，听取蛙声一片"句	
介绍菜饭的综艺节目	"家有妙招""星厨驾到""人气美食""詹姆士的厨房""美食好简单"	
"菜饭制作"要求	1. 关于烹饪的照片 2. 关于烹饪的视频 3. 食材小报（电子版或手绘） 腾讯课堂设置投票功能，对烹饪成果进行投票，投出等第，并附点评	
"菜饭制作"活动LOGO设计	1. LOGO图案（电子版或手绘） 2. 第一名会被用作奖状的标志	
关于烹饪的创意发明	科技小发明 食材组合改良	

在入项活动中，设计了主食问卷调查、观看美食视频、活动LOGO设计等活动，运用了调研等高阶认知策略，学生经历了探究性实践、社会性实践和技术性实践。问卷调查给教师提供了管理、决策所需的信息。

二、知识与能力建构

教师首先设计驱动性问题，再说说菜饭那些事，引导学生通过"米"的故事主题班会，了解了"稻米"的种植史和"杂交水稻之父"袁隆平的感人事迹，从而加深学生对珍爱粮食的理解。分析食材的特点和营养价值，鼓励学生把在科学、营养学、烹饪、语文学科中学到的知识、技能和态度整合到一起去解决问题，制作一份美味健康的佳肴，让学生从不同的学科视角理解这一主题。对于制作流程，可进行师生交流互动，关注切配刀法（直切、锯切）、煸炒和焖的技能。通过云端软件实时反馈在家实践状况，思考煸炒效果是否与火候、时间有关，焖的效果是否与水量和厨具的特点有关。师生在一步一步互动讨论中归纳食材的选择、清洗、切配、制作的要点，让学生根据自己的条件和喜好选择烹饪方法和食材。

学生研究菜饭的两种不同制作方法，说说这两种烹饪方法的优缺点；记下采用不同烹饪方法的菜饭里所提到的工具、食材、配料，找出它们的相同点和不同点。这些学习任务，让学生运用调研、系统分析等认知策略建立起核心知识网络。

表 5-2　菜饭制作方法介绍

制作方法	
食品用料 主料：大米、蔬菜、咸肉（也可以使用海鲜） 配料：盐、味精、食用油、猪油、姜	
土灶烧法（步骤和特点）	电饭锅烧法（步骤和特点）
（1）先把大米、蔬菜洗干净，待用； （2）锅中倒入油，待油 5—6 分热时，倒入蔬菜、咸肉（按蔬菜的不同，放咸肉的先后也有不同。易熟的蔬菜，先放咸肉；不易熟的蔬菜，可后放咸肉），加盐，炒至蔬菜稍软即可； （3）倒入大米，翻炒至泛黄即可，加味精，再加适量水煮熟； （4）需要 30—40 分钟水煮干后，闻到焦香味，就差不多好了； （5）食用前，可用猪油拌一下	（1）将青菜洗净沥干，咸肉切成薄片，青葱洗净后切碎，姜洗净后切丝； （2）锅中倒入油，待油 7 分热时，倒入青菜，翻炒至菜稍软即可，不可炒至出水； （3）大米淘好后，放入电饭锅。倒入炒好的青菜、咸肉，搅拌后盖上盖子，按下开关，开关弹起后，拔掉电源，用余温继续焖 30 分钟
柴火饭：农村人家大多用的是原始的炉灶，里面燃烧稻草、麦草等，加热大铁锅来烹饪食物。其特点是用大火、急火煮开水和米，然后把米捞出沥干（不然大米就会烂在锅里）。去米汤，备用。再将沥干的米放进大铁锅内，用筷子插出一些气孔，用小火慢慢将米饭煮熟，即为"柴火饭"。 一般农村煮饭都会在底部形成大量的锅巴，加上之前的米汤煮开，就是锅巴粥	电饭煲是利用电能转变为热能的炊具。对食品进行蒸、煮、炖等多种操作。最重要的一点是缩减了煮饭时间。做米饭时最好将米淘净并在清水中浸泡 15—30 分钟，然后再下锅。这样可以大大缩短煮饭的时间，且煮出的米饭特别有味。放适量的水最重要，一般水的深度高于大米 2—3 厘米

三、探索与形成成果

教师引领学生通过一系列丰富多彩的探究活动有条不紊地了解

稻米的历史及其文化。组内学生针对实施的项目化学习展开激烈的讨论，交流我国著名的八大菜系的起源和分类，理解人文背景、地理环境等因素对地区口味造成的影响，明白要尊重各个地区、民族的饮食传统和特色。

有了前面的铺垫，周末，学生们纷纷将已学的知识付诸实践，做了菜饭和家人一起分享。

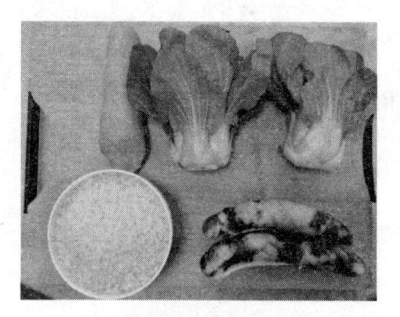

图 5-2　咸肉菜饭的制作食材　　图 5-3　咸肉菜饭出锅上桌

1. 菜饭的营养价值和好处

喷香可口的咸肉菜饭做好了。咸肉、腊肠中，磷、钾、钠的含量丰富，还含有脂肪、蛋白质等营养元素，青菜富含钙和膳食纤维，荤素搭配好吃又营养。不过毕竟有腌制肉类，高血糖、高血脂患者或其他不宜人群要少食。

2. 小技巧及改良

青菜亦可换成莴笋叶子或其他喜欢的蔬菜；煸炒咸肉、香肠时可以加点黄酒或白酒，盐要根据咸肉、腊肠的咸度酌情不加或少加。一碗触动灵魂的咸肉菜饭出锅了。

学生分成了若干小组，有营养小组、烹饪小组、菜肴设计小组、创新小组，以"我最喜欢的一碗菜饭"为题写一篇记叙文；文章中应包括菜饭的名称、食材的配比、制作方法、营养健康等方面。值得注意的是，项目设计中运用了创见策略，创见过程中会运用大量的发散性思维，而聚焦到问题解决时，需要聚敛和决策。创见还涉及前景分析、成因探查和错误分析等，有时候学生还需要给出证据，分析哪一种方案更适合当下情景。有创见的项目化学习需要对创见出来的作品有明确的规定，明确怎样的作品是能够被接受的。创见类的项目化学习要求学生创造出指向核心概念理解和有独特价值的作品。如学生对菜饭进行了改良设计，指向营养与健康这个概念，其主要的认知策略就是创见。

四、评价与修订

教师可邀请家长、社区烹饪专家来学校举办讲座，评价学生烹饪技艺，同时针对学生设计菜谱和LOGO设计提出修改意见。从健康营养的角度出发，结合食物相宜相克表进行新的设计。个体和项目小组根据评价修改自己的成果，形成最终可以参展的成果。

五、公开成果

"菜饭制作"项目化学习活动中，同学们摘录了劳动名言，结合自己参加劳动的场景，将心得体会用笔写下来，定格了自己劳动的瞬间，留下美好的劳动回忆。汇报课上，家长也积极参与，点评学生制作的美食。下表是此次活动的成果改良示例。

表 5-3　改良食材表

食材 1	推荐理由
肉糜、笋丁、莴笋叶	肉富含蛋白质，莴笋具有利五脏、通经络、清胃热、清热利尿的功效
食材 2	推荐理由
鸡丝、胡萝卜、香菇	鸡肉富含蛋白质，能温中补脾、益气养血、补肾益精。胡萝卜含有维生素 A 等，有防癌功效。香菇中含有酪氨酸、氧化酶等物质，能降压降脂，预防动脉硬化
食材 3	推荐理由
肉糜、玉米、西红柿、酸豆角	玉米中含有糖类、蛋白质、维生素等营养物质；西红柿含有维生素、纤维素，能降低血液中的胆固醇，促进骨骼生长发育，调理肠胃，滋养皮肤。西红柿炒玉米加酸豆角是云贵高原一道名小吃，酸爽可口
食材 4	推荐理由
肥牛、洋葱、玉米、胡萝卜	牛肉有补中益气、滋养脾胃、强健筋骨的功效。洋葱和牛肉在营养成分上没有相克的地方；洋葱中含有丰富的蒜氨酸和蒜酶，和牛肉片一起烹调时它们就会转化成蒜硫铵素，很好地保护维生素 B_1

在教师进行最终评价前，学生可对自己的成果和同伴的成果进行分析评价，这也能增进学生的批判性思维，表 5-4 是关于"菜饭制作"项目化学习成果的自我评价表。

表 5-4　"菜饭制作"项目化学习成果的自我评价

（1）我在最终的报告中回答了老师一开始提出的驱动性问题了吗？我的核心观点是什么？
（2）我在最终的"菜饭制作"成果中给出内容要点了吗？我的内容要点是什么？
（3）我的最终成果足够清晰，能够让人理解吗？
（4）我的最终成果代表了这段时间我在这个项目上形成的核心观点了吗？

六、反思与迁移

除了菜饭制作以外，教师可积极引导学生探究芒果饭、菠萝饭、八宝饭、卤肉饭、上海馄饨等特色饮食的烹饪方法。从而达到烹饪技能和健康饮食观念的迁移。

第六章　项目化学习五：纸的前世今生

纸张是中国四大发明之一，它承载着中华文明的智慧和艺术，是传承、交流中华民族文化的重要载体。古法造纸在学生中的推广，能让学生感受美、探究美、理解美、传承美、创造美，同时在提倡环境保护的大背景下，让学生了解一张纸的来之不易，学会节约用纸、循环用纸、废物再造。通过自己制作一张特色"花草纸"，将传统工艺和现代理念相结合，更好地传承我们中华文化的底蕴和民族的情感。

"纸的前世今生"项目化学习，围绕立项理由、驱动问题、项目探究、项目成果、公开方式这几个方面展开探究活动。本着"在亲历中自主探究、在游戏中自由学习、在生活中自信成长"的教育理念，充分尊重每一位学生的个性化成长，对项目化学习进行实践初探。整个活动重点突出学生视角，真实地撬动学生内心，从学生的视角去体验过程的魅力。在项目设计中，教师设计符合不同学段的以"纸"为研究内容的项目化学习主题，结合各科知识，使学生在项目化学习的过程中了解纸的发明创造与历史演变的过程；在生活中寻找各种不同的纸，感受纸与生活的密切关系，深度探究不同纸的特性；在劳动教室中，同学们进行纸艺创作，充分体验项目化学习的生活化、个性化、趣味性等特殊魅力。由此项目化教学设计与劳动教育形成了"点、线、面、场"的立体教育框架，即以学生为中心点，以各学科串连成各条线，使劳动学科成为整个学校全科参与的面，形成社会、社区、家长、环境的场，整合为一个立体化的、立德树人的，全员、全程、全方位的育人观。

第一节　背景与导入

在劳动学科教学中，以纸的前世、今生和未来作为研究的切入口，既能传承传统文化，又能帮助学生建构系统的学习思想，博古纳今，丰富学生的学习体验。

背景：纸张是记载和传播文化的重要工具之一，与人们的文化生活密切联系。而纸张的使用已不仅限于人们的文化生活，它已经成为工业、农业、建筑方面不可缺少的材料。现代纸艺教学在劳动学科中还有着广阔的艺术创作空间，以纸为主要媒介，利用剪贴、折叠、彩绘、拼贴等技艺制作出多种多样的纸艺作品。如构思巧妙的纸贴创意画，千姿百态的仿真纸花，精巧别致的折纸人偶等，淋漓尽致地展现纸特有的材质美，既丰富了劳动课的教学内容，又让学生们充分感受纸的妙用，体会到劳动的快乐。

在"五育并举"教育方针的指引下，劳动学科的课堂教学必将朝着系统、高效的方向前行。在纸艺课程研究实践中，有效落实核心素养目标，关注学生的欣赏品鉴、学习发现、创意实践、评价思考的能力培养，形成"赏、学、评、创"四维共融的课程研究模式，将开启从劳动学科视角出发的跨学科项目化学习的实践路径。

导入：对纸的前世和今生，学生多少有些感性认识。但随着电子信息时代的到来，纸是否还有"未来"，是否还有更多的价值和创想没有被发现？学生可以运用自己所学的劳动、语文、数学、科学、美术、信息等学科的核心知识进行调查研究和实践行动，如将劳动（知道纸质材料的特性及用途；了解造纸技术）、历史（纸的发展史）、数学（裁量、计算）、美术（配色）和科学（纸的生成）多学科知识并举，通过写调查报告、召开主题班会、制作关于纸的工艺品、艺术节展示、电脑设计和绘制新型环保纸张、走进实地演练等方式探索、实践。

设计关于"纸"的项目化学习案例，一定要充分考虑学生的年龄特点和兴趣需求、能力水平和认知特点，形成融合多学科能力的课程实施路径。

第二节 项目与实施

一、入项活动

造纸术是中国古代四大发明之一，它与指南针、火药、印刷术一起，给中国古代文化的繁荣提供了物质、技术的基础。最早的纸很粗糙，且造价昂贵，不能被广泛应用。东汉蔡伦改进造纸术，增加造纸的原料，采用树皮、麻头、破布为原料，制造出既轻便又经

第六章 项目化学习五：纸的前世今生

济的纸张，他被认为是现代造纸术的鼻祖。自古以来，纸张就被广泛用于各种途径。互联网时代，纸的地位是否会被取代？

图 6-1 古代造纸示意图

鉴于以上思考，我们确定了"纸的前世今生"这个主题，引导学生从纸的历史价值、实用价值、艺术价值、科学价值四个方面对纸张进行研究。同学们通过阅读书籍、上网查找资料、走进博物馆等途径，了解纸的发展史、价值、特性等；又走进生活，寻找生活中的餐巾纸、书写纸、报纸、商品包装纸等纸制品；再初步学会造纸的方法，培养其探究精神和动手能力。教师通过梳理教材中的核心知识，找出本项目的本质问题"纸是如何生成的？"，最后再把本质性问题转换成学生感兴趣的驱动性问题，"你知道纸的前世、今生和未来吗？"这个问题成功地捕捉到学生的兴趣点，于是教师将每个班级的学生分成若干小组，有"文献小组""采访小组""造纸小组""才艺小组"等，在评价指标上进一步细化，使评价内容具体且与目标紧密联系，力图培养学生的自主学习和自我管理的能力。

二、知识与能力建构

项目化学习不是学生已有知识与能力的复制，而是知识与能力的再建构。教师要反复推敲课程标准，找到适合本项目的核心知识。

1. 古法造纸

学生平时接触的纸质材料仅局限于书本及其他普通纸张，在日常生活中很少去分析纸质材料，了解其特性和加工技能，缺乏将纸质作品与环境建立联系，对纸质作品的装饰作用以及环保效果，还没有熟悉，而这些是初中劳动学科教学的培养目标。教师带领学生参观展厅。展厅展示了纸的起源、造纸术在历代的发展和以纸为载体的书画作品，并且展厅的视频完整展示了"蔡侯纸"制造的全过程，让学生有了身临其境的感受。展厅还特意安排了古法花草纸和再生纸的制作体验，让学生初步体会手工造纸的感觉、乐趣，体会古人的创造力，同时感悟造纸技术给人们生活带来的巨大变化，自觉肩负起保护环境的责任。

图 6-2　花草纸

花草纸的造纸技术，已有上千年历史。制作过程是剥下里层树皮，用水煮一天待用。用锤子捶打树皮，让它纤维软化。捶打时一边敲一边拉，再把敲好的树皮放入水中，撕扯开来，并搅拌均匀，然后用网格模板放入水中，水平方向拿起来，让纤维均匀地落在模板上，再放在阳光下晾晒一会。同时敲打大型仙人掌或芦荟，把它们敲碎，放入水中，加入树皮纤维，搅拌均匀，这样就形成了黏胶。在晒好的模板上放上自己喜欢的花草，把黏胶用勺子舀到模板上，涂匀、晒干便好。

2. 传统纸艺

中国纸艺文化源远流长，是传统文化的重要组成部分。近现代，西学东渐，纸艺又有了新的发展。从东方平面或立体的剪纸、撕纸、折纸、纸扎（风筝、欢门、明器纸扎、戏曲人物纸扎等）到西方二维或多维的剪影、纸拼贴、纸构成、纸雕塑、纸装置、纸浆艺术、实用纸艺（纸玩具、纸家具等）；从民间艺人的乡土纸艺，到印象派、立体派、野兽派、表现主义及包豪斯的现代纸艺，纸艺创作，生生不息。

中国最具传统特色的纸艺是剪纸，其在视觉上给人以透空的感觉和艺术享受。剪纸是中国历史悠久、流传很广的一种民间艺术形式，用剪刀将纸剪成各种各样的图案，如窗花、门笺、墙花、顶棚花、灯花等。这种民俗艺术的产生和流传与中国农村的节日风俗有着密切关系，逢年过节或新婚喜庆，人们把美丽鲜艳的剪纸贴在雪白的窗纸上、墙上、门上、灯笼上，节日的气氛便被渲染得非常浓郁。

剪纸的题材很多，寓意很广。福、禄、寿的图案企望多福多寿；娃娃、葫芦、莲花等图案象征多子，中国农民认为多子便会多福；家禽、家畜和瓜果鱼虫等与农民生活息息相关，也是剪纸表现的重要内容。师生通过主题班会、鉴赏活动，感悟纸文化的魅力，提升学生的艺术素养。

图 6-3　剪纸作品

3. 新法造纸

现代的造纸术在古法的基础上不断改进。教师可通过视频或图片、资料等形式介绍现代造纸程序。并通过带领学生动手实践，进行"再生纸实验"，帮助学生了解再生纸的制作过程，激发他们的创造思维。在这样有趣的研究推进中，该项目活动激发了学生的好奇心和学习兴趣，学习、探索的意识被唤醒，学生的创造力也在潜移默化中得到提升。在"知识与能力建构"这个环节中，我们运用了实验、调研等认知策略。

三、探索与形成成果

本次项目活动的目标涵盖了学生对语言表达、文学写作、诗词积累、信息搜集整理、美术创作、手工制作等学科知识，活动的成果可以是探究小报告，也可以是纸类作品。

四、评价与修订

在项目化学习中，评价可涵盖学生成长的两个测量维度：一是项目所涉及的单一学科或跨学科的知识、能力、态度；二是学生的多种核心素养。对学科知识能力的评价是学生评价的基础内容。它是把项目化学习的结果与课程标准或项目所涉及学科的必备素养进行比对，考查学生在项目化学习中是否达成教育目标。核心素养达成水平的评价主要包括：协作能力（学生的团队责任感、团队精神、合作的能力以及团队内部的沟通与协作等）；交往能力（学生共享信息的技能和情感，学生的交流技巧，学生的倾听、理解、沟通和有效表达的能力）；审辨能力（学生反思批判能力）；创造能力（学生创造力的提高水平、创造性思维的形成和创新人格的养成等）。

此项目活动中，从学生的学习单上不难发现，学生通过收集信息、观察、采访、讨论、思辨等方法联系生活，开展活动，已经探究出纸与我们生活的密切关系，知道纸的用处、纸的来源以及再生纸的制作方法，同时有了一定的环保理念，但是在知识迁移方面缺乏一定的创造性，如可以以"纸"作为连接各学科的切入点，结合自然学科的《纸桥承重》、体育学科的《纸飞机飞起来》、美术学科的《民间艺术——纸的编织》，进一步学习有关"纸"的主题项目。

五、公开成果

举行校"纸的前世今生"成果展，邀请家长、社区纸艺能手共

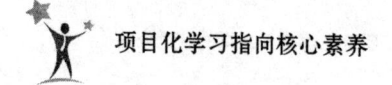

同参加活动。项目小组根据意见修改自己的作品。

六、反思与迁移

学生在了解纸张的基本制作方法、理解纸张在工业和日常生活中的应用等基础上,建立环保理念,为未来更好地利用纸张奠定基础。在此基础上撰写《纸的未来世界》科普小作文。巩固环保理念,探索关于纸的未来的各种可能性。

第七章　项目化学习六：其他项目

第一节　绳结

☆ 云雀结的变化方式 ☆

云雀结是中国结艺中的一个基本结，相互组合或变化以后可以形成各式各样的造型，是培养学生高阶思维的好题材。

背景：劳动新课标在任务中提出：选择1—2项传统工艺制作项目，如编织、陶艺、布艺等，了解其特点及发展历史，初步掌握制作的技能和方法，读懂基本的实体图、示意图、装配图等。根据劳动需要设计方案，并选择合适的材料和工具制作简单作品。因此，在教学过程中，不仅要使学生"知其然"，还要使学生"知其所以然"。

导入：探究类课程对于初中生来说还比较陌生，除了启发学生探究意识外，还必须讲究科学合理的教学方法。我们主要采取组织和引导学生活动的教学方法，让学生参与社会实践活动，使其在活动中得到认知和体验，产生践行的愿望。引导学生将课堂教学和自己的生活结合起来，观察发生在身边的现象，发展高阶思维。

从学生的学习情况来看，经过了前期的学习，学生已具备了绳结图的识图能力，有了一定的编织基础，可以开展"云雀结的变化方式"项目化学习活动。学生按照计划分组，并明确分工合作。

一、入项活动

本项目涉及劳动（绳结编制方法）、数学（比例、对称）、美术（配色）中的知识。从本质问题出发，提出驱动性问题："云雀结是如何变化的"。学生在周末以小组合作学习的方式，利用上网搜集资料、实地考察小商品市场等方法对云雀结单线编制、双线编制及变化方法等进行信息搜集，并利用数学方法探究云雀结的变化规律，分析编制方法是否符合某种规律。接着学生结合数学学科的比例、对称、数字排列等知识点，进行更深入的探究。

二、知识与能力建构

要弄清云雀结是如何变化的，就要围绕云雀结的单线编制方法、双线编制方法、配色方法等搭建学习支架。在此环节中，需要运用问题解决、创见、决策、调研和系统分析等高阶策略，完成项目化学习。

（1）云雀结基本信息：云雀结由一根横线和两根竖线编织而成，因形似小鸟的头部，故也称雀头结，简称雀结。寓意心情雀跃，喜上眉梢。

（2）云雀结的单线编制要点：前绕前穿，后绕后穿。

（3）云雀结的双线编制要点：绳子数量变化，绳结颜色变化。

（4）配色要点：冷暖色系搭配。

三、探索与形成成果

学生结合生活实际，学会综合性地应用有关"云雀结单线编制"的课程知识，通过各种途径自主获取所需信息，进行综合筛选，制定出比较合理的探索方案。

一是在笔杆上编制五个云雀结，可以自主探索也可和小组合作，从简单的绳耳变化切入，在比较中找出差异，在分析中得出变化原因，在尝试中感悟操作的方法。

二是从在笔杆上单线编制云雀结到在圆环上用不同颜色双线编制云雀结，学生为技能迁移创设了平台。在实践过程中，学生发现：线的数量可由 1 根变成 2 根；线的色彩可由单色变成双色；还可尝试用双线交替打云雀结（线的走向要一致），并把学习心得写在笔记里。

三是设计展示成果。在项目展示活动中，学生通过小组活动又设计出与展示作品不一致的交替方式编织出的作品，在自评和互评过程中，学生归纳了云雀结的变化方式：绳耳变化、线的数量和色彩变化、位置变化、组合变化……并给出了合理的理由。这是活动的高潮部分，也就是要将思维转变成实物模型。教师首先演示一种最基本的变化方式，同时培养学生发现问题的能力。在探究尝试云雀结其他变化方式的过程中，学生能渐渐地感悟到它的变化规律，并逐步学会从美观等多角度思考设计作品，形成较为严谨的设计思路。并提出质量要求：设计有规律，编制要整齐。

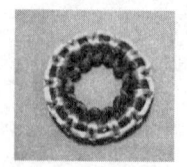

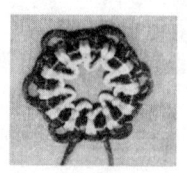

| 绳耳变化 | 色彩、数量变化 | 位置变化 | 组合变化 |

图 7-1　云雀结的变化方式

在此环节中教师运用了问题解决、创见、实验等高阶策略,学生经历了探究性实践、审美性实践、技术性实践等过程。特别是在审美性实践过程中,学生的作品呈现了可视化的美感,在用双线编织云雀结时,学生既要考虑它的外观、形状、颜色及使用对象的心理喜好;还要思考如何让产品更加赏心悦目,如何将丰富的视觉、触觉体验融入其中。

四、评价与修订

交流与评价是劳动课的一个重要教学环节,学生运用自己的语言来表达设计,在艺术的殿堂里尽情地畅游。

经过二次的探究活动中,学生能渐渐地感悟到云雀结变化的一般规律,尝试编制有规律的创意作品。在此过程中,学生通过接受评价,修整作品,使自己的技能、情感、态度得到磨炼和提升。

五、公开成果

该项目让学生立足于平时的学习和生活,把教材与生活、课内与课外、学习与实践相结合,融合各个学科知识和技能,深入了解中国结及其蕴含的文化。经历"单线编制云雀结""双线编制云雀结"等一系列活动后,最终,学生展示了二十五种云雀结的变化方式，培养了自己动手实践、合作探究的能力。

六、反思与迁移

技能迁移：尝试用三根或四根线来编制云雀结。

思维方式的迁移：通过对三根或四根线编制云雀结的实践和探索，对数学、艺术等相关问题进行思考和迁移。

第二节 铁 艺

☆ 自行车模型的设计与制作 ☆

背景：核心素养是学生个人发展和社会进步必备的品格和关键能力。我校在原有劳动技术课程基础上又着力打造了几项特色课程，包括"农业种植""篮球项目""走进大学""自行车模型的设计与制作"等，凸显了我校的核心素养培养下学生发展的特色。

导入：金属丝项目是学生喜爱的拓展课活动项目，学生会在写字台上放置一个自己动手设计与制作的金属丝仿真创意模型，如金属果盆、人物造型等，既是对自己劳动成果的肯定，又是对艺术的享受。在活动准备过程中孩子们分工合作，整合多种资源，主动向民间艺人和老师求助，充分了解和掌握四种金属丝的特性及加工方法，尖嘴钳、斜口钳等工具的使用和选择，同时学会校直、剪切、弯折、绞合、缠绕、修整等基本加工技能。

一、入项活动

自行车是学生极为熟悉的交通工具，如何选择金属丝材料设计并制作一款新颖美观的自行车模型，是大部分学生都想尝试、解决的问题，这个既有意思又有思维张力和探究深度的问题有效激发了学生的内驱力，调动起他们学习的积极性。通过观看自行车发展史、自行车构造分析微视频，了解设计制作自行车的要素，学生制定了"自行车模型的设计与制作"方案，再通过头脑风暴，提出了"如何将自行车变成迷你版模型？"这一驱动性问题。学生很疑惑，用什么办法才能把这么大一辆自行车变成迷你版的自行车，而且零件一个都不能少。这个入项活动涵盖了问题解决、创见、实验等认知策略。

二、知识与能力建构

在此项目中，教师要指导学生聚焦自行车模型制作的材料、款式、功能、制作工艺等方面，引领学生经历探究性实践、审美性实践、技术性实践等过程，在搜集、筛选资料的过程中要重点关注各种金属丝的属性，考虑根据男女握力的差异选择不同的金属丝材料。

表 7-1　常用金属丝的特性

特性	钢丝	铁丝	铜丝	铝丝
色泽	灰黑色	灰白色	金黄色	各种颜色
硬度	最硬	介于中间	较软	最软
延展性	不易拉伸	易拉伸	易拉伸	易拉伸
弹性	最强	一般	一般	最弱
韧性	不易变形	易变形	易变形	易变形

另外，还要了解尖嘴钳、斜口钳、圆嘴钳等工具的正确使用方法。尖嘴钳：用于金属丝弯折、剪切。斜口钳：用于金属丝剪切。圆嘴钳：用于金属丝弯折。

此外，还要了解自行车模型各部分名称。按制作工序自行车模型分为车轮、后叉、车座、车把＋刹车、曲柄、竖杆与零件、车轴孔、脚撑、脚踏等部件。了解金属丝成型方法，包括手工成型：校直、画线、各种角度的弯曲方法；靠模成型：用圆模成型（金属丝小人、车轮制作）；等等。还有要了解金属丝的几种常用连接方式及应用，包括缠绕连接、绞合连接、环连接、胶接、焊接、铆接等。

三、探索与形成成果

"自行车模型的设计与制作"项目化学习是一个基于真实情境的研究过程，在教师的引领下，项目探究的过程中既有学生独立探究，也有小组团队的合作交流，更有创新性的实践与体验。在研究自行车项目推进的过程中，学生个人和研究团队都有不同的经验与体会。通过梳理和反思自己的研究方法和成果，学生进一步修订和改善自己的探究方案，不断提升和规范自己的方法，优化自己的学习过程。如，学生可以不采用老师提供的图纸制作自行车模型吗？自行车模型的车轮和车身之间呈现一种什么比例关系？除了传统自行车模型，还能设计其他款式的自行车模型吗？这些问题引发了学生深度思考，为新一轮深入学习打下基础。由此可见，对项目化学习者而言，学习意味着一种经历和生命成长，要让这种学习意涵真正实现，需要学校、教师能基于提升学生核心素养的要求去设计和实施项目方案，从而将素养转化为持续的学习实践。在开展科技节模型制作活动中，教师们还专门制定了"自行车模型的设计与制作"任务评价标准。

表7-2 "自行车模型的设计与制作"任务评价标准

核心素养	主要表现特征
劳动观念	积极、愉快地参加"自行车模型的设计与制作"项目化学习活动，懂得创造美好作品的意义
劳动能力	作品设计合理；熟练使用尖嘴钳、斜口钳等劳动工具；金属丝作品结构完整、协调、美观
劳动习惯和品质	认真完成任务，设计和制作过程中注意力集中；能规范摆放尖嘴钳、斜口钳等劳动工具；能主动整理桌面，将废弃金属丝投入相应的垃圾桶
劳动精神	遇到困难努力解决；对作品质量要求高，精益求精

四、评价与修订

此项目在评价过程中要根据学生的性别差异、个体差异，进行过程性评价，可要求专家对学生进行指导。如邀请一位民间手工艺人介绍自行车的制作方法，并回答学生在形成成果中遇到的问题。项目小组和个人根据评价和意见修改自己的作品。

五、公开成果

在"科技节"主题班会上，学生带着自己的作品以及自己设计的产品向全班同学进行展示，在公开成果展中记录他人意见和观点。项目化学习成果要指向对核心知识的深度理解，成果也可以有选择性，这是为了包容不同类型学生的学习差异。在该项目化学习中，学生可以自由选择不同的方法、实践方案。

六、反思与迁移

撰写反思笔记，教师除了教授方法以外，引领学生再思考、再整理、再总结，争取探索出一种新的模型的制作方法，帮助学生取得技术和思路的迁移。

图 7-2 "自行车模型的设计与制作"项目化学习活动中的学生创意作品

参考文献

[1][美]巴克教育研究所:《项目学习教师指南——21世纪的中学教学法》,任伟译,教育科学出版社2008年版。

[2][美]克伯屈:《教育方法原论》,孟宪承、俞庆棠译,华东师范大学出版社2010年版。

[3]傅豫园、黄睿智:《艺术木工》,华东师范大学出版社2019年版。

[4]傅豫园:《艺术木工教学实践》,上海交通大学出版社2019年版。

[5]傅豫园:《中华布艺手工篇》,上海社会科学院出版社2017年版。

[6]夏雪梅:《项目化学习设计:学习素养视角下的国际与本土实践》,教育科学出版社2018年版。

[7]义务教育劳动课程标准研制组:《义务教育劳动课程标准(2022年版)解读》,北京师范大学出版社2022年版。

[8]中华人民共和国教育部:《义务教育劳动课程标准(2022年版)》,北京师范大学出版社2022年版。

[9]朱跃萍主编:《水仙盆景雕刻与造型》,上海科技教育出版社2015年版。

后记
项目化学习指向核心素养——培育劳动素养

劳动素养是人学习与劳动实践过程中逐步形成的适应个人终身发展和社会发展需要的正确、必备的关键素养,是劳动课程育人价值的集中体现。它主要包括劳动观念、劳动能力、劳动习惯和品质、劳动精神。劳动素养的内涵随着时代发展不断丰富、创新。劳动对于中学生的全面发展具有奠基作用。衡量学生是否具有良好的劳动素养主要看三个方面,即劳动态度是否端正,劳动习惯是否养成,基本技能是否具备。

在今天,劳动素养被赋予新时代的内涵和使命,劳动教育具有树德、增智、强体、育美等方面的育人价值,对学生的全面发展具有综合性的作用。劳动素养的提升,对落实立德树人的根本任务和促进学生全面发展具有重要意义和独特价值。因此,教师要以建构学生劳动观念、劳动态度及情感为目标,以提升学生劳动素养为指向,重构劳动教育的体系,给予学生一生难以估量的财富和动力。

劳动素养的提升,劳动教育育人价值的彰显,是以学校切实开展相应的劳动教学活动为前提的。只有学校真正把劳动教育落到实处,学生才能在劳动教育中受益。对于学校来说,劳动教育需要有相应的师资、课程和场地，需要统筹既有的课程。然而，在当下，学校的升学率和学生的考试成绩依然是社会、家长评价学校的重要指标，学校和教师也会特别关注学生文化课的学习。因此，在各种因素的综合影响下，大多数学校开展劳动教育有很大的随意性，主要表现在课程形式化、简单化，学习项目碎片化等。在劳动教育中没有形成对劳动素养的具体评价指标和要素要求，这使得劳动教育所取得的成效不高。

2020年3月，中共中央、国务院发布《关于全面加强新时代大中小学劳动教育的意见》，对培养社会主义建设者和接班人提出了新要求。其提出，要将劳动素养纳入学生综合素质评价体系，健全劳动素养评价制度。通过制定劳动素养评价标准，构建科学合理的学生劳动素养评价体系，充分发挥评价的激励和导向作用。加强学生劳动教育、落实立德树人根本任务。

我们的劳动课程采用项目化学习的方式，打破了当代劳动技术课程的格局，赋予劳动素养评价体系全新的落实措施。高质量的项目化学习，被认为是素养时代最为重要的一种学习方式，它包括设计问题、学会探究、深度学习等。对于在劳动课程中实施"项目化学习"，我校进行了一系列有益的探索、实践。从水仙爱好者到水仙社团，我们始终保持着市级一流的艺术水准，在项目化学习过程中，学生建立了人与自然、社会的自由和谐的关系，让劳动者的创造才能、天性、情趣充分发挥，使劳动者的身心诸方面都得到全面和谐的发展。这是美育的最终实现目标，也是劳动教育所不懈追求的最高理想。项目化学习的理念给社团教师团队带来了新的灵感，经过探讨和研究，一套以学生为主体，"化整为零"的项目化教学模式应运而生，"水仙雕刻与造型"被评为市级共享课程，同时获得全国校本课程二等奖的荣誉。如今，项目化学习已成为我校学生创意设计团队的常态，以爱动手、爱创造、爱生活为抓手，以美育人，以文化人，使学生在劳动中体验到自身价值，看到自己的本质力量在对象上的表现，从中获得莫大的喜悦，提高了他们的审美和人文素养，践行了学校教育的初心。

在新课程劳动技术教育教学中，蕴藏着大量艺术教育的内容，其中许多内容甚至可以说是艺术教育的成分明显高于技术教育成分。如农业种植、花卉盆景、茶艺、陶艺、编织、金属丝工艺、绳结等，都对学生艺术素养的发展有不同程度的促进。我校劳动技术教学中项目化学习的方式，既大大强化了技术教育的力度，又大大提升了艺术教育的效果。

上海市二十五中学党支部书记　郑雨花
2023 年 4 月

图书在版编目(CIP)数据

项目化学习指向核心素养：初中劳动课程中项目化学习案例 / 傅豫园,钟慧敏,郑雨花著. — 上海：上海社会科学院出版社,2023
 ISBN 978-7-5520-4108-8

Ⅰ.①项… Ⅱ.①傅… ②钟… ③郑… Ⅲ.①劳动课—教学研究—初中 Ⅳ.①G633.932

中国国家版本馆 CIP 数据核字(2023)第 058509 号

项目化学习指向核心素养
——初中劳动课程中项目化学习案例

著　　者：傅豫园　钟慧敏　郑雨花
责任编辑：王　勤
封面设计：朱忠诚
出版发行：上海社会科学院出版社
　　　　　上海顺昌路 622 号　邮编 200025
　　　　　电话总机 021-63315947　销售热线 021-53063735
　　　　　http://www.sassp.cn　E-mail:sassp@sassp.cn
照　　排：南京理工出版信息技术有限公司
印　　刷：上海新文印刷厂有限公司
开　　本：890 毫米×1240 毫米　1/32
印　　张：4.625
字　　数：101 千
版　　次：2023 年 5 月第 1 版　2023 年 5 月第 1 次印刷

ISBN 978-7-5520-4108-8/G·1253　　　　定价:48.00 元

版权所有　翻印必究